Arbeit. Brecht. Cinema.

Impressum

Thomas Irmer

René Pollesch
Arbeit. Brecht. Cinema.
Interviews und Gespräche

Verlag Theater der Zeit
Verlagsleiter Harald Müller
Winsstraße 72 | 10405 Berlin | Germany
www.tdz.de

Korrektur: Sophie-Margarete Schuster und Nathalie Eckstein
Gestaltung: Gudrun Hommers

Printed in Germany

ISBN 978-3-95749-519-8 (Paperback)
ISBN 978-3-95749-528-0 (ePDF)
ISBN 978-3-95749-529-7 (EPUB)

Thomas Irmer

René Pollesch
Arbeit. Brecht. Cinema.

Interviews und Gespräche

Theater der Zeit

Inhalt

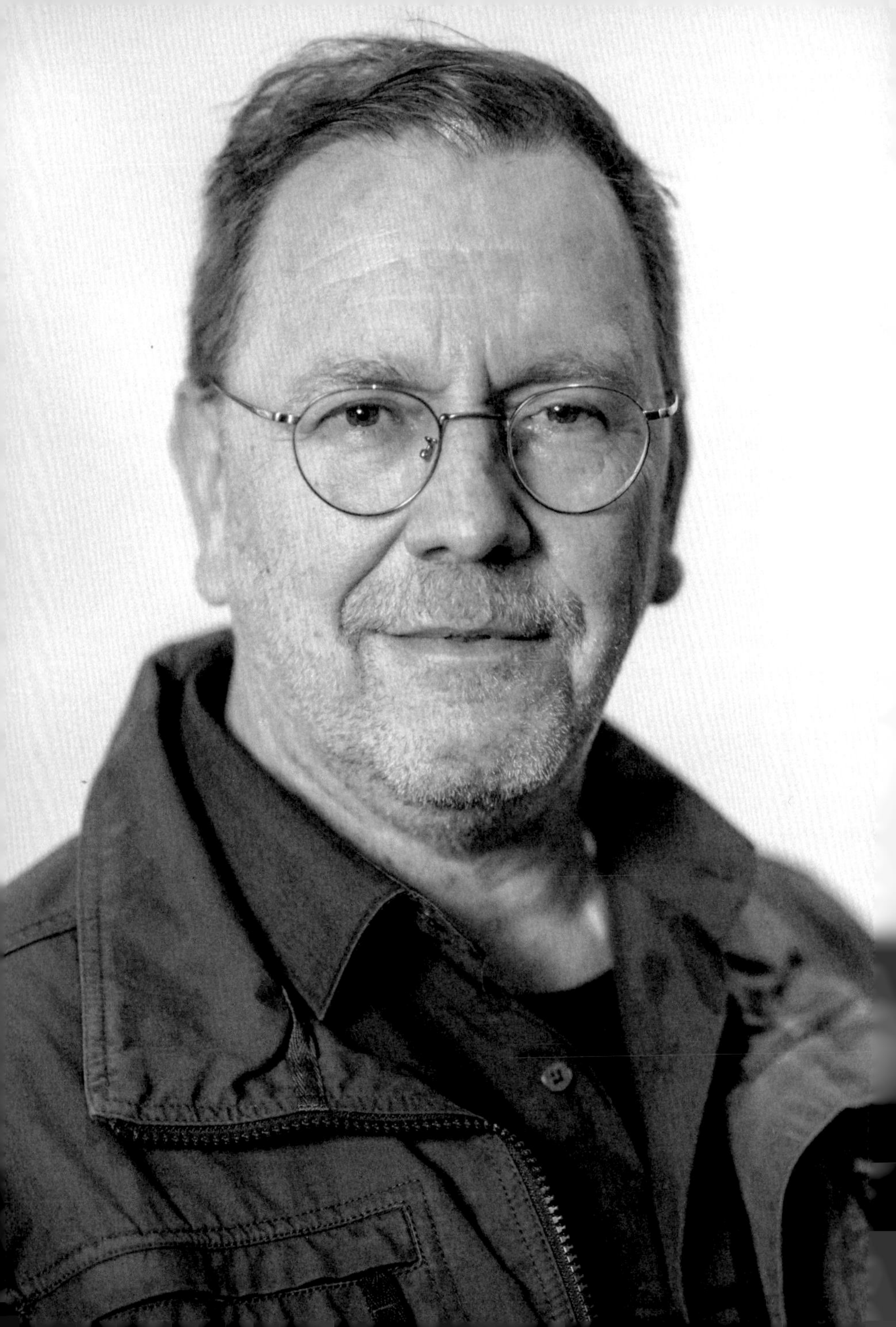

Vorwort

Bekanntlich spielte bei vielen Inszenierungen von René Pollesch schon eine Musik vor der Vorstellung, bevor es auf der Bühne richtig losging. Das war häufig 1960er-Jahre-Pop wie von den Beach Boys, Shangri-Las oder Ähnliches, jedenfalls beschwingt und hell, nie düster oder depressiv.

Für dieses Buch mit fünf Gesprächen aus rund 20 Jahren müsste es auch so eine Intro-Musik geben. Zur Einstimmung in einen Sound zwischen leicht erzählt und dann doch zahlreichen überraschenden Referenzen, Widersprüchlichkeiten und vielen Auskünften über das Arbeiten am Theater – wie es anders sein sollte und hoffentlich einmal anders sein wird. Und natürlich, um eine solche Musik mit der anhaltenden Trauer über seinen frühen Tod zu mischen. Sucht eine aus!

Die fünf Gespräche – zwei davon tatsächlich Interviews – entstanden aus sehr verschiedenen Anlässen und für verschiedene Medien. Sie jetzt hier zusammenzuführen, ist auch dem Umstand geschuldet, dass es keine weiteren Gespräche geben wird. Ursprünglich war einmal ein größeres Buchprojekt geplant. Für den mittleren Buchstaben des ABC – B wie Brecht – wollte René sein Vademecum des *Kleinen Organon* schreiben, mit dem Titel *Das kleine Oregano*. Wir werden es für immer vermissen.

Foto links **René Pollesch,** Foto: picture alliance/dpa | Daniel Karmann

Als Gesprächspartner war René sehr, sehr angenehm, zugewandt, immer dabei, Gedanken aus dem Probenprozess weiterzuentwickeln – auszuprobieren. Um sich mit ihm zu verabreden, war Letzteres genau das Problem, denn es gab immer nur das kleine Zeitfenster zwischen zwei Inszenierungen, und das musste man erwischen.

Natürlich gingen die Gespräche weiter, wenn das Aufnahmegerät wieder aus war. Das konnte gar nicht anders sein bei René. Es gab, das hat mich im Nachhinein nicht losgelassen, ein einziges Thema, das nicht mit Theater und seiner Arbeit zu tun hatte, aber wohl doch sehr mit seinem Leben. Er konnte ausführlichst über Balkonbewässerungsanlagen sprechen. Welche er schon ausprobiert habe, fragte dann, ob es eigene Erfahrungsauswertungen gebe. Balkonbewässerungsanlagen mit Vorratsbehälter, Zeitschalter und unterschiedlichen Begießungsvorrichtungen. Ein großes Thema. Er war ja immer so viel unterwegs und lange weg. Jetzt für immer –

Thomas Irmer

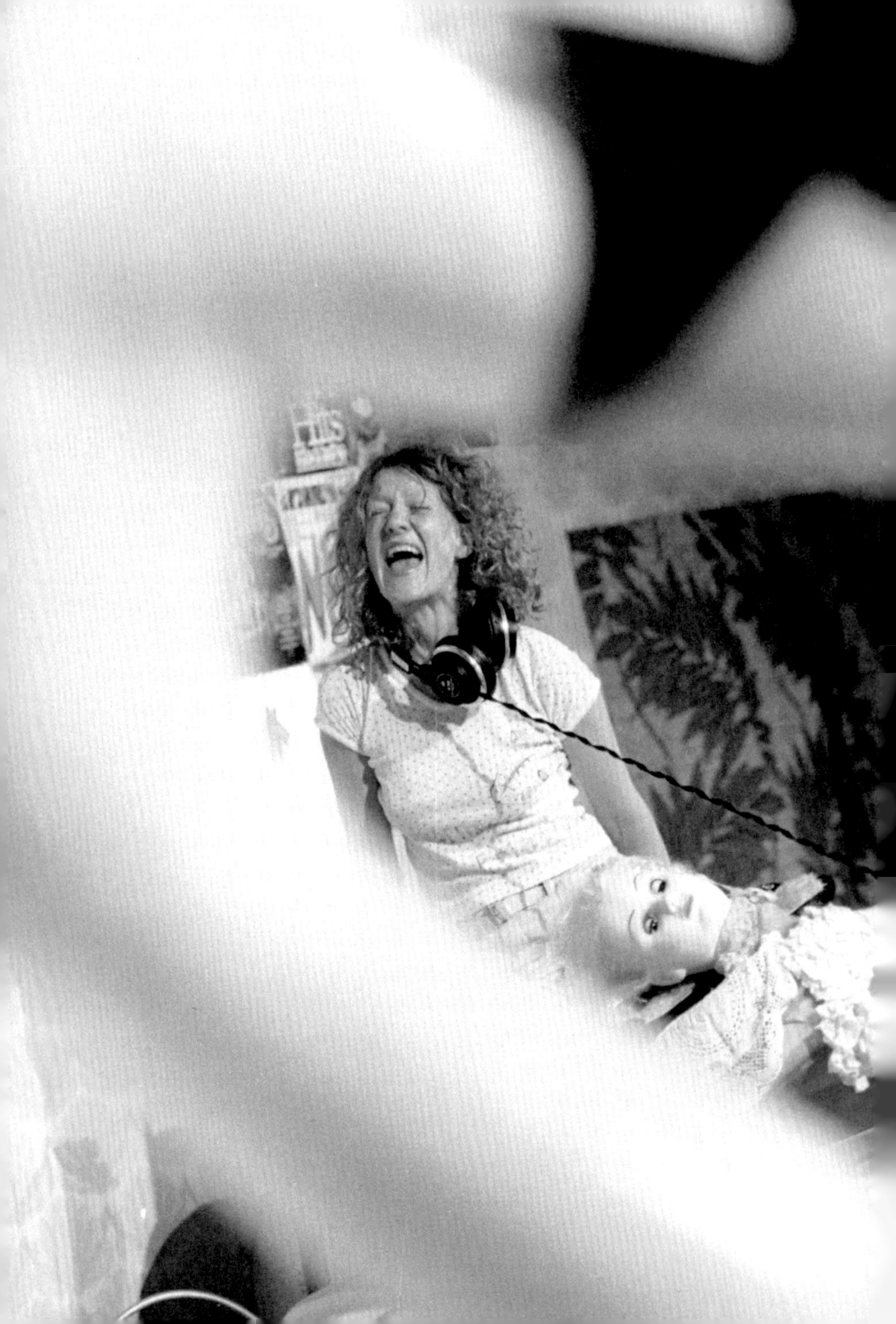

Verkaufe dein Subjekt!

Nachdem René Pollesch mit Beginn der Spielzeit 2001/02 in den Prater der Berliner Volksbühne eingezogen war, konnte er seine Arbeit kontinuierlich an einem und für einen Ort entwickeln. Die Heidi Hoh-*Trilogie hatte seiner Arbeit eine besondere Aufmerksamkeit beschert, vor allem aber ein Verstehen seiner Themen wie die auf neue Weise entfremdete Arbeitswelt von Heidi Hoh und die nun mit der* Wohnfront-*Serie weiter entwickelten Fragen von Selbstausbeutung als vermeintlicher Selbstverwirklichung und der Ortlosigkeit von Zuhause. Das Gespräch fand Anfang November 2001 in der benachbarten Prater-Gaststätte statt und erschien in der Dezember-Ausgabe von* Theater der Zeit *als Auftakt eines Schwerpunkts zu neuen Arbeitswelten.*

Foto links **Christine Groß** in ***Heidi Hoh 3 – die Interessen der Firma können nicht die Interessen sein, die Heidi Hoh hat*** von **René Pollesch im Podewil 2001. Regie René Pollesch, Bühne und Kostüme Janina Audick,** Foto: David Baltzer/bildbuehne.de

Lieber René Pollesch, wie kaum ein anderer Theatermacher bist du schon seit einigen Jahren an dem Thema der neuen Arbeitswelten dran, und zwar in einer eigenen Theaterform, in der das Verwischen aller Grenzen und Orte in der Dienstleistungsarbeit immer wieder behandelt wird. Warum wurde das zu deinem Thema?

Das trifft vor allem auf die *Heidi-Hoh*-Serie zu, jetzt gerade auf „Menschen in Scheiß-Hotels", und hat zuallererst mit mir und der Situation der Schauspieler zu tun, mit denen ich zusammenarbeite. Wie sehen unsere Lebens- und Arbeitsverhältnisse aus, warum bin ich so viel unterwegs, inwieweit fühlen wir uns aufgefordert, uns zu vermarkten – Theater machen besitzt ja bekanntlich einen hohen Grad an Selbstausbeutung, die mit bestimmten Images vom Künstler zu tun hat und mit Vorstellungen von Selbstverwirklichung in Verbindung mit Arbeit. Angefangen hat es damit, dass ich mit *Heidi Hoh* produktiv machen konnte, warum ich Stücke nicht verorten will oder zum Beispiel das britische ‚one-room-flat' lächerlich finde. Nach *Heidi Hoh* sind aber gerade alle Stücke von mir nach Orten benannt: *www-slums* bis zu *Stadt als Beute* oder *smarthouse*. Der Ort ist das Problem. Und die Orientierung dort wird zur Aufgabe. Wir wollten darüber nachdenken, was die Orte ausmacht, an denen Menschen nicht mehr wissen, ob sie zu Hause sind oder im Betrieb. Mit *Heidi Hoh I* befand ich mich zum ersten Mal nicht in einem Theaterraum, sondern im Café des Berliner Podewil. Das war für mich ziemlich neu. Und dann fingen wir da drin an, über Zuhause und Betrieb zu reden. Bert Neumanns Wohnbühne jetzt im Prater wird zum Beispiel als Hotel angesprochen, in dem Zuhause realisiert werden muss. Der Realismus liegt darin, das Zuhause als Fabrik zu bespielen. Dieses Problem der Verortung hat selbst mit dem Thema schon viel zu tun – im Gegensatz zu dem Theater, in dem die Globalisierung immer noch traditionell am Küchentisch abgehandelt wird. Das funktioniert für mich aber nicht. Worum soll es da gehen? Und warum haben sie vor allem kein Wohnproblem, sondern Probleme mit der Globalisierung?

Leute mit einer Arbeitsbiografie in den neuen Dienstleistungsjobs empfinden deine Inszenierungen als absolut realistisch, während andere Zuschauer, die das nicht kennen, sie für hysterisch und übertrieben halten.

Oder für Kindergarten. Es gibt verschiedene Scheren in der Aufnahme meiner Arbeiten. Bei *Frau unter Einfluss* ist es die Mann-Frau-Schere. Männer wussten oft gar nicht, worum der Abend geht. Oder wo da das Problem sein soll. Da ist dann politisch, dass sie nicht oft was vorgesetzt bekommen, was sie nicht verstehen. Das ist ein kulturelles Problem, das nichts mit Bildung oder sowas zu tun hat.

Und bei den auf das Thema Arbeit bezogenen Inszenierungen ist es die Generationenschere?

Das habe ich bislang so nicht beobachtet.
Es unterscheidet sich darin, was und wie einer arbeitet, und auch, wie seine Arbeit bewertet wird.

Bei *Heidi Hoh* beziehst du dich auf einen Film aus dem Jahre 1979, *Norma Rae*, in dem eine junge amerikanische Fabrikarbeiterin für die Ziele der

Gewerkschaft politisiert wird. Der Film funktioniert als Melodram mit der für Hollywood immerhin ungewöhnlichen Botschaft, sich für eine Änderung der Arbeitsbedingungen einzusetzen. Was ist deine Sicht auf diese Norma Rae im Vergleich zu Heidi Hoh?

Der Film ist einigermaßen verlogen und beutet als Melodram die Problematik aus. Es geht schon damit los, dass ein Mann aus der Großstadt in die Provinz reist und dort diese Frau erzieht und politisiert. Dass der Mann der Unterweiser ist, finde ich merkwürdig, und genau das haben wir in *Heidi Hoh* aufgegriffen. Der Mann, der die Freiheit kennt, bringt sie vermeintlich zu diesen rechtlosen Frauen. Ein ganz großer Unterschied zwischen Norma Rae und Heidi Hoh ist der, dass diese Fabrikarbeiterin als ganzes Subjekt behauptet wird, während Heidi Hoh sich aufgefordert fühlt, ihre Subjektivität auszubeuten. Von daher ist es eben nicht mehr möglich, sich mit einem Gewerkschaftsschild auf einen Webstuhl zu stellen. Obwohl ich mir beim Schreiben nicht immer so bewusst bin, genau das zu erzählen, scheint dieses Schild und all das, wofür es als Konflikt steht, nach innen gewandert zu sein.

Befindet sich Heidi Hoh nun in einer gesellschaftlichen Misere oder bloß in den unangemessenen Projektionen von Selbstverwirklichung ihrer Generation?

Die Frage ist, woher kommt diese willentliche Anerkennung von Selbstausbeutung, wie sie eher für künstlerische Berufe typisch war. Und wer beaufsichtigt die? Man ist sein eigener Unternehmer und Einpeitscher. Und deshalb gibt es in *Heidi Hoh* auch nicht mehr dieses engagierte und politisierte Subjekt, das auf den Webstuhl steigt. In *Stadt als Beute* sagen wir, es gibt diese „Durchsagen in mir" – im Unterschied zu den Fabriken und der Kontrollgesellschaft und ihren klaren Hierarchien herrscht heute eine flüssige, allgegenwärtige Machttechnologie. Die Fabrik hat sich in uns verflüssigt, Marketing ist zu unserer zweiten Natur geworden.

Die letzte Kolonisierung richtet sich nach innen, bis ins Unterbewusste. Hast du so etwas wie einen theoretischen Rahmen für deine Arbeit?

Bei *Stadt als Beute* gibt es ein Buch als Vorlage, von Spacelab, aber eigentlich ist die Vorlage ein Text, in dem die Autoren ihr eigenes Buch in Frage stellen. Diese Position ist interessant, denn die Autoren suchen darin nicht nur das revolutionäre Potential im Alltag, sondern beschäftigen sich auch damit, dass sie lediglich an einer Problemkultur des Alltags mitarbeiten. Gerade das schließt die Frage nicht aus, wie der Sprung auf den Webstuhl von Norma Rae heute aussehen könnte.

Die Arbeitsweisen von Künstlern wandern heute in Unternehmen ein, weil diese sich der Strategien von Künstlern bemächtigen wollen, um ihre Ziele zu erreichen.

Nicht allein das. Carl Hegemann, der sich stark mit dem Thema beschäftigt, gab mir gerade ein Buch *Das revolutionäre Unternehmen*, in dem der Jargon von Marx und Engels zur Ausstattung von Unternehmensberatern gehört ...

... wie *Das Kapital* vor allem von Kapitalisten mit Gewinn gelesen wurde.

Und das hat sich wahrscheinlich noch potenziert. Die einzig mögliche Revolution ist das Unternehmen, das die Wandlung der Individuen betreibt. Die Revolution als Angebot von Unternehmen. Hier kommt dann auch Heidi Hoh wieder vor. Sie wird aufgefordert, ihre Subjektivität zu vernutzen, wie ein romantisches Image vom Künstler, für den Leben und Werk in eins fallen.

Würdest du dennoch den Begriff der Entfremdung für diese Verhältnisse verwenden?

Das geht so verdeckt ab, dass Entfremdung als ihr Gegenteil erscheint. Das Angebot lautet, sich selbst zu verwirklichen. Die Frage ist dann, wer hat etwas von dieser Selbstverwirklichung, die einen nicht nach acht Stunden nach Hause gehen und von der eigentlichen Produktion abgespalten erscheinen lässt. Heute wird einem absolute Rechtlosigkeit in dem sich auflösenden Wohlfahrtsstaat als Selbstverwirklichung in der Selbständigkeit verkauft. Das hat viel damit zu tun, dass die Ware eine andere geworden ist, immateriell wie bei *Menschen in Scheiß-Hotels*. Die Ware ist da zum Beispiel die Realisierung von Gefühlen.

Ist das hoffnungslos? Oder anders: Welche Chancen hat die Kritik auf dem Theater? Es sind im heutigen Theater zwei Pole zu beobachten in der Beschäftigung mit dem Thema Arbeitswelten. Eine Position beschreibt von außen, moralisch wertend und in dieser unmöglichen Voraussetzung wenig legitimiert. Die andere formuliert von innen und wirkt in ihrer Setzung beinahe affirmativ.

Ich habe beispielsweise Roland Schimmelpfennigs „Push up" weder gesehen noch gelesen, aber von dem, was ich darüber gehört und gelesen habe, kann ich mir vorstellen, dass es um die Beschreibung eines Milieus geht, in dem Entfremdung vorkommt und von dem aus der Zuschauer dann über die Figuren deren Arbeitsweltmechanismen transzendieren soll. Diese Art von Darstellung interessiert mich nicht. Das ist die falsche Aufforderung ans Publikum. Zu transzendieren.

Bei uns geht es zunächst mal um uns, um die Immanenz, um die SchauspielerInnen und wie die sich mit dem Text über ihre Arbeits- und Lebensverhältnisse orientieren. Für mich war wichtig herauszufinden, wie jemand einen Satz sagen kann, beim Versuch sich zu orientieren, wie: „Die Gefühle sind echt und bezahlt". Gefühle werden ja, vor allem anderen, erstmal nicht bezahlt. Das ist, was Gefühle vor allem ausmacht. Rein ökonomisch gesehen. Das ist der Bereich des Schwarzmarktes. Darüber muss man reden, weil Theater normalerweise Text mit Emotionen unterfüttert. Oder auf emotionalen Partituren für Schauspieler beruht. Bei Castorf zum Beispiel geht es eher um Partituren des Denkens.

Die Gefühle sind echt und bezahlt. Ganz im Sinne der neuen Produkte.

Es geht um die Kommunikation, die im Zuge der Individualisierung in den Markt eingebracht wurde, selbst zu Markt wurde. Diese Kritik von innen, wie ihr es nennt, trägt ihren eigenen Widerspruch mit sich herum, und um den geht es bei Heidi Hoh und den Frauen in *Scheiß-Hotels*. Im Unterschied zu Legitimationen, wie wir sie gerade hören und über die ich mich nur wundern kann, wenn Daniel Cohn-Bendit sagt, wir haben die afghanischen Frauen befreit. Nach welchen Maßstäben? Bei Disney gibt es einen Personalkatalog, der Frauen genau vorschreibt, was sie anzuziehen haben. Wer da keinen Rock trägt, wird rausgeworfen. Wo ist da der Unterschied? Burka und Minirock sind ein und dasselbe! Es geht um die gleiche Konstruktion.

Inwiefern unterscheiden sich deine Frauenfiguren von Projektionen „wie Frauen zu sein haben"?

Nach wie vor werden Frauen auf dem Arbeitsmarkt von Männern unterschieden, ihnen wird eher der emotionale und soziale Bereich zugeordnet, den Männern in diesem Dualismus eher die Vernunft. Das wird durch kulturell vermittelte Naturbilder legitimiert. Frauen werden auf ihre Natur angesprochen. Bei unseren Abenden mit Frauen geht es um diese Zuschreibungen. Die Frauen in *Scheiß-Hotels* sprechen darüber, dass die Managementebene männlich besetzt ist, während all das, was in einem Hotel ein Zuhause suggerieren soll, vom weiblichen Personal hergestellt wird. Es ging außerdem um eine Versuchsanordnung: Wenn nämlich der Gast weiblich ist, die Managerin also, haben wir möglicherweise den Versuch, Homosexualität zu leben. Aber weil diese Homosexualität Teil des Betriebs wird, wird sie gleich auch wieder hinterfragt. Nina Kronjäger sagt an dem Abend: „Homosexualität, die vom Kapital produziert wird, will ich nicht leben." Also das, was da wie Homosexualität aussieht, unterliegt in Wahrheit einer heterosexuellen Arbeitsteilung, wie sie in der Arbeit entwurzelte Männer in ‚boarding houses' vorzufinden wünschen. Andererseits hat der Kapitalismus, wie Lorenz, Kuster und Boudry in

Das Insourcing des Zuhause auch beschreiben, im „boarding house" des letzten Jahrhunderts Homosexualität erst ermöglicht.

Noch einmal, nachdem Norma Raes Emanzipation fehlgeschlagen ist, wie stehen die Chancen für Heidi Hoh? Wird sie der sie kolonisierenden Dienstleistungswelt entkommen können?

Zunächst mal „echt und bezahlt", das kann absolut rettungslos sein, aber auch absolut revolutionär. Normalerweise werden nämlich nicht-echte Emotionen an Bezahlung gekoppelt. Der Produktionsprozess von Gefühlen hat sich geändert in den Hotels, über die wir im Prater reden. In den Dienstleistungsberufen von Heidi Hoh sehe ich mich und meine Erfahrung, den Laptop einzustöpseln und zu sagen, die ganze Welt ist mein Büro usw. Für mich ist es auch die Auseinandersetzung mit dem verordnet ungeregelten Leben, das mal als Utopie galt, aber in diesem deregulierten Markt ganz was anderes bedeutet. Darum geht es bei unserer Arbeit, um die Mechanismen, die sich hinter der so genannten Selbstverwirklichung verbergen. Scheinbar bin ich in meiner Arbeit autonom, aber ich muss das immer wieder untersuchen, auch in meiner eigenen Geschichte. Ich war ziemlich lange „arbeitslos" gemeldet, habe aber sehr viel gearbeitet, unter anderem an *Heidi Hoh* und an den „soaps", die ich später auch machen konnte. Vorher war ich vier Jahre lang bei einer freien Theatergruppe, für 800 Mark im Monat, dann habe ich für eine Dramaturgie 8000 für einen Monat bekommen. Dadurch kam ich in den Genuss von etwas mehr als 800 Mark Arbeitslosengeld und konnte, bis auf die depressiven Phasen, die sich einfach einstellen, weil man sich als abgewertet empfindet, für mich arbeiten, denn ich hatte wie ein „glücklicher Arbeitsloser" eine Menge Zeit. Jetzt habe ich natürlich mehr Geld als früher, muss meine Zeit aber ganz anders einteilen. Ich habe angefangen, wie ein Unternehmen zu funktionieren, das allerdings besser angesehen ist als das von Heidi Hoh.

Wie erklärst du dir, dass in den letzten zwei Jahren das Pollesch-Theater zwischen Hamburg, Berlin, Göttingen, Stuttgart und Luzern so gut funktioniert hat, mit dem Mülheimer Dramatikerpreis noch dazu?

Keine Ahnung, aber es fing ganz offensichtlich mit *Heidi Hoh* an, als es das erste Mal bei mir explizit um Arbeitsverhältnisse ging. Dann, mit *Heidi Hoh arbeitet hier nicht mehr*, wollte ich die beiden Themen Arbeit und Gefühle einander annähern, das war wirklich der Ausgangspunkt, denn zuvor glaubte ich, wenn man etwas über Arbeit macht, über Arbeitsverhältnisse redet, kann man nichts über Gefühle sagen und umgekehrt. In dem Sinn war diese Stückserie ganz autobiografisch, und ich wusste nicht, wie das als Thema in dieser Form kommunikativ sein würde. Aber das war es. Liebe und Arbeit zu verbinden, oder uns den Zusammenhang überhaupt erstmal bewusst zu machen, abseits von verlogenen Szenarios und den heterosexuellen Zwangsverordnungen Hollywoods, obwohl jeder weiß, dass es so nicht funktioniert. Da stimmt doch was nicht. Am Anfang galten meine Stücke als Trash-Komödien. Inzwischen werden sie anders bewertet, weil es die Neugier gibt, das Denken in den Stücken mitzugehen und sie von daher zu verstehen.

Weil jetzt das Publikum kommt, das diese Probleme kennt?

Das wäre wieder die Frage, für wen ich das mache. Ich würde sagen, für mich und die SchauspielerInnen. Wenn mir zum Beispiel vorgeworfen wird, es wäre immer dasselbe, halte ich das für eine Aufforderung an mich, mich dauernd „neu zu erfinden", ganz marktstrategisch gedacht. Darum kann es aber nicht gehen. Das ist es ja gar nicht - ich werde weiterhin eigene Texte inszenieren. Ich kann mir im Moment den Luxus leisten, über mich als Textproduzent nachzudenken, ohne dass es um Verwertung oder Vernutzung durch andere Regisseure geht.

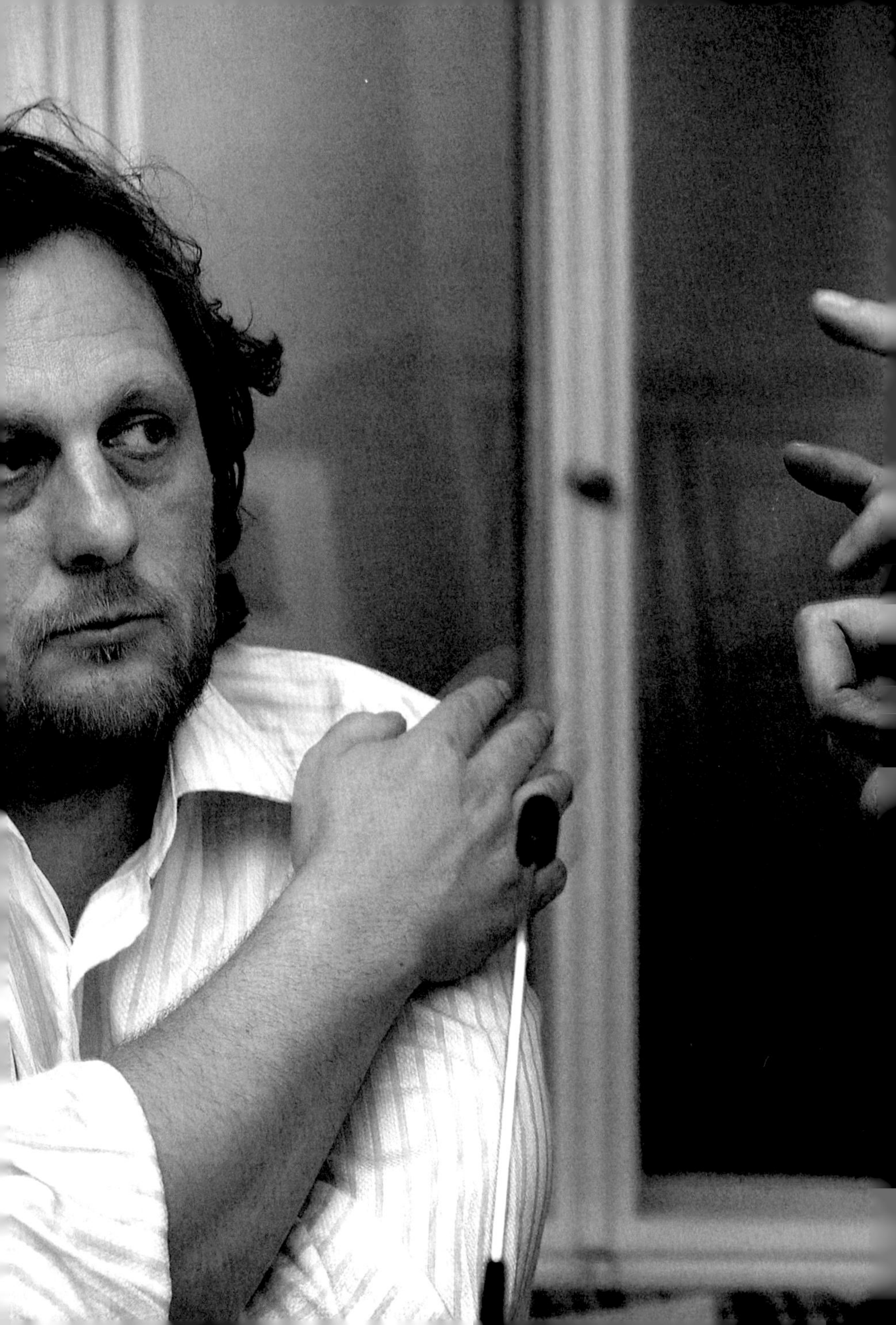

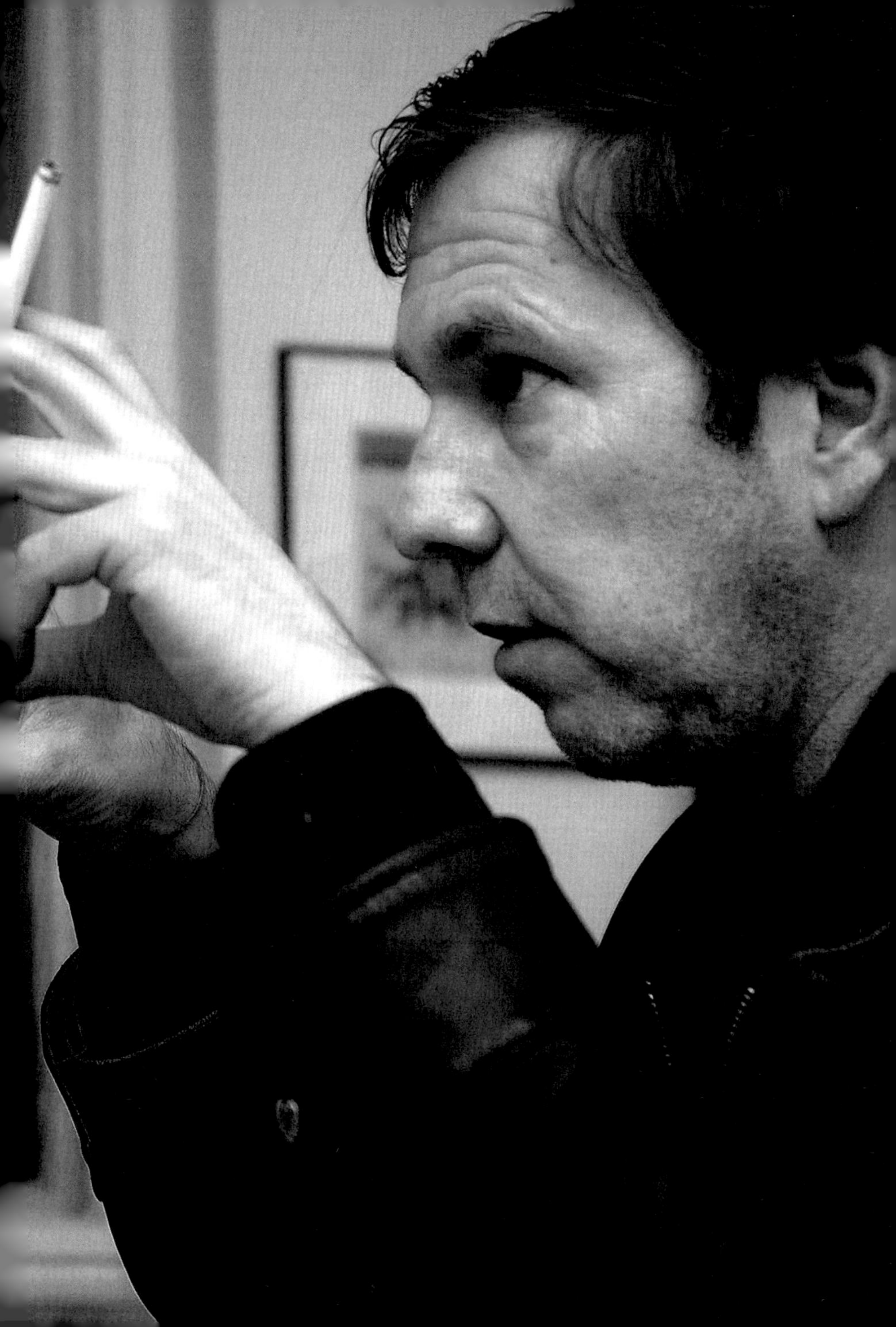

Foto Seite 20/21

Olaf Nicolai und René Pollesch im Gespräch, Foto: Uwe Walter

Am Ende der Schleichwege

Gespräch von Thomas Irmer mit René Pollesch und Olaf Nicolai

Der Künstler Olaf Nicolai verfolgte mit großer Begeisterung Polleschs Arbeiten. Dieser wiederum war interessiert an einem Gespräch, das in seinem Horizont nicht allein von der Theaterwelt begrenzt sein sollte, sondern Vergleiche mit der zeitgenössischen bildenden Kunst erkundet. In dieser Situation des Dialogs mit Olaf Nicolai erläuterte René Pollesch ein paar grundsätzliche Positionen seiner Arbeit. 2008 wurden im Rahmen von „Molton States" an der Royal Academy in London, kuratiert von David Thorpe, Olaf Nicolai mit SAMANI. A Proposal To Answer Some Important Questions *und René Polleschs* Tod eines Praktikanten *gemeinsam präsentiert.*

Das Gespräch fand im Frühsommer 2005 in Olaf Nicolais Berliner Wohnung statt und wurde in spike. art quarterly #04 *(Sommer 2005) leicht gekürzt veröffentlicht. Hier erscheint erstmals die auch von René Pollesch autorisierte vollständige Fassung.*

Irmer: Als René im Prater der Berliner Volksbühne anfing, bemerkte Olaf nach einer Vorstellung: Da ist Kritik ja auch richtig Spaß, Entertainment. Pollesch zeigt Kritik in seinen Arbeiten jedoch nicht als Repräsentation, sondern auf eine andere Art.

Nicolai: Mich hat fasziniert, wie theatralische Mittel und theoretische Statements in einer Weise überblendet werden, dass ich mich im ersten Moment wie in einem hysterischen Spektakel aller Theorieversätze fühle, die zur Zeit en vogue sind. So eine Art angewandte Theorie. Man könnte auch sagen, Kritik als Spektakel und trotzdem als Kritik. Und das extrem unterhaltsam. Es ist so eine stereotype Behauptung, dass der Zugang zum Wissen einen Verlust des Genießens bedeutet.

Pollesch: Bei unseren Abenden geht es eben nicht um die Abbildung von Verhältnissen, die mit uns als Theaterleuten wenig zu tun haben, sondern um eine Entwicklung von Kritik aus unserer eigenen Praxis heraus. Gerade das hat aber auch zu Missverständnissen geführt, denn einige Kritiker warfen uns vor, lediglich selbstbezüglich zu sein und nur unsere Künstlerprobleme – also vor allem die der Schauspieler – auszuagieren. Als Unterstellung eines Luxusproblems von Theaterleuten. Von Anfang an ging es aber darum, dass wir aus unserer Lebenssituation heraus die Themen der Kritik entwickeln, also wie beispielsweise ein Schauspieler mit den Bedingungen des freien Markts zurecht kommt. Erst wenn wir begreifen, wie wir arbeiten, kommen wir an die Strategien ran, die uns interessieren, um Zusammenhänge zu unterlaufen.

Nicolai: Das ließe sich aber auch mit einem Begriff von Ästhetik verbinden, in dem der Alltag nicht die Ausnahme, sondern selbstverständliche Voraussetzung ist.

Pollesch: Wenn du Ästhetik so auf Alltag anwendest, finde ich's spannend. Wenn im Theater aber über Ästhetik geredet wird, mache ich ganz schnell dicht und finde es hilfreicher, auf inhaltliche Entscheidungen zu sehen, die der vermeintlich alltäglichen Oberfläche zugrunde liegen: Wie viele Frauen sind da zu sehen, was machen sie?

Nicolai: Es geht ja nicht um die Gleichsetzung von Alltag und Ästhetik. Sondern darum, wie Handlungen organisiert werden, oder wie du das formulierst, darum zu begreifen, wie wir arbeiten. Das WIE. Da kommt für mich die Ästhetik ins Spiel. In der Art und Weise, wie du Aussagen vorstellst, entsteht ja Inhalt. Wenn du in einem Stück ein Zitat verwendest, ist es doch entscheidend, wie es gesprochen wird. Selbst wenn du eine Alltagsszene eins zu eins in das Framing der Bühne oder des Ausstellungsraumes bringst, ändert sich die Situation: Sie wird vorgestellt, zwangsläufig symbolisch. Das heißt: für den Besucher ändert sich auch seine Position. Es geht nicht um eine Message, die er aufnimmt und bewertet. Nicht in dem platten Sinne „offenes Kunstwerk", der Rezipient vollendet die Arbeit als Produzent. Nein, in dem Sinne, dass er/sie sich in einer Position findet, in der sich die Frage stellt, wie stehe ich dazu? Also seine Haltung zum Thema wird. Das setzt aber auch voraus, dass man die Arbeit ernst nimmt. Also annimmt, es gibt Gründe, warum eine Arbeit so strukturiert ist und es nicht Zufall oder Unvermögen ist, dass ich mich in dieser Position finde, mit dieser Frage.

Pollesch: Diese Frage stellen sich nur wenige.

Nicolai: Ist das nicht die Voraussetzung für ein Einklicken?

Pollesch: Ja, aber viele kommen zu uns wie ins konventionelle Theater und bemerken nicht, dass der Produktionsprozess viel wichtiger ist als die von ihnen wahrgenommene Selbstbezüglichkeit.

Nicolai: Aber wenn man den Produktionsprozess auch auf sich bezieht, könnte es ja auch eine Selbstbezüglichkeit geben, in der das „Selbst" als Produkt fassbar wird. Die Stärke von Theater oder auch Film ist ja, dass Handlungen re-produziert werden. Um sich darauf zu beziehen, wie durch eine aktuelle Ökonomie Emotionen und Wissen in Produktionsprozessen strukturiert werden, ist das „Performative" scheinbar bestens geeignet. Immer mehr Arbeiten in der bildenden Kunst – von der *Rules*-Series Angela Bullochs bis zu Tino Seghals Inszenierungen – schaffen pseudo-theatralische Räume für die Kommunikation zwischen piece und Betrachter. Es entsteht ein Produktionsprozess, der Aussagen generiert, zu denen man sich verhält.

Pollesch: Genau. Und der enthält auch, wie die Arbeit organisiert ist. Wenn ich als Autor die Texte für meine Abende schreibe, heißt das ja noch nicht, dass das, was ich als Einzelner über meinen Alltag schreibe, sofort in etwas universell Gültiges umschlägt – wie man sich das bei Theaterautoren so vorstellt. Dabei wird etwas unterschlagen, das bei uns in den Produktionsprozess eingeht, der zu einem solchen Abend wird und in diesem thematisiert wird.

Nicolai: Dieser Hang zur Behauptung des Dokumentarischen hat aber doch auch sicher mit der Sehnsucht nach Authentiziät zu tun. So als ob das, was du im Theater zeigst, nicht symbolisch wäre.

Pollesch: Wie meinst du das? Ich habe ein Problem mit dem Begriff des Symbolischen.

Nicolai: Die Behauptung, das ist Dokument, unterstellt doch zumeist, das ist unverfälscht, nicht ideologisch. Aber jede Artikulation entsteht innerhalb eines Geflechtes aus Interessen, Wünschen, Begehren. Damit ist sie, auch wenn sie den Status „Dokument" beansprucht, ideologisiert. Und symbolisch. Außerhalb des Symbolischen gibt es keine Kommunikation, auch wenn das die große Sehnsucht ist. „... ohne wissen & sinn / grasen sinnlich die wiesen" hat Reinhard Priessnitz so schön gedichtet. Das Symbol ist wie ein Knoten, das seine Produktion, seine Verknotung mit sich führt. Wenn dieser Prozess sichtbar wird, verschwindet auch so eine Alternative wie Repräsentanz / Symbol hier und Aktion / Dokument da.

Pollesch: Wobei es mir nicht so sehr darum geht, ob der Prozess dann im Ganzen sichtbar ist. Ich sage, er muss reflektiert werden.

Nicolai: Das ist ja die Möglichkeit, die das Symbolische eröffnet – eine aktuelle Handlung bedeutet mehr, als sie darstellt.

Pollesch: Im Theater ist es ja oft so, dass erst das, was in der Gesellschaft schon so weit geronnen ist, dass es verstanden wird, auch „lesbar" ist und kommuniziert werden kann. Unser Gestus ist eher der, jedes Leben aller Beteiligten – der Spieler wie auch der Zuschauer – ist so speziell, dass es nicht gleich um etwas universell Gültiges gehen kann. Die Reflektion findet an diesem Speziellen statt, und alles, was man im Theater normalerweise noch nicht greifen kann, weil es eben noch nicht theoriefähig ist und deshalb marginalisiert wird, interessiert uns, ohne dass die von uns gemachte Erfahrung erst anderswo gerinnen muss. Das ist der Gestus, der mir sehr am Herzen liegt. Wenn du das, was dabei entsteht, symbolisch nennst, bin ich einverstanden.

Nicolai: In dem Zusammenhang hat mich außerdem fasziniert, wie du Handlungen als Produkte thematisierst, was ja in der heutigen Ökonomie selbstverständlich ist und deshalb auch Auswirkungen auf die Herstellung von Symbolischem hat .

Pollesch: Von der Theaterkritik allerdings kaum bemerkt. Das, was du ansprichst, wurde von Seiten der bildenden Kunst als Repräsentationskritik erkannt. Für alle anderen blieb es jedoch Repräsentation von Kritik, und bald schon wiederholten sich in den Besprechungen die immer gleichen Begriffe: Auswirkungen der Globalisierung usw. Aber ich denke gar nicht so wie ein Dramaturg: Jetzt ist Globalisierung wichtig und schnell auf die Bühne damit.

Irmer: Das Material für dein Diskurstheater findest du, und das ist doch der Anschluss an aktuelle Themen, die für das Theater sonst nicht greifbar sind, in Sachbüchern, etwa der Urbanistik und Soziologie. Dieses Material wird so einbezogen, dass die Spieler damit zu einer Eigenreferenz gelangen – so würde ich es in Abgrenzung zur Selbstreferentialität nennen – und tatsächlich von ihrem Alltag ausgehen können, aber nicht darin verbleiben. In diesem Übergang scheinen ja auch erst die Figuren zu entstehen, deren Sprechakte Kritik transportieren. Ist das deine Arbeit als Autor-Regisseur?

Pollesch: Ich suche diese Texte danach aus, ob sie für mich nützlich sind und für die Schauspieler zu gebrauchen sein könnten. Ob sie etwas mit unserem Alltag so zu tun haben, dass die Schauspieler auch Aussagen über sich machen können. Auch in dem Sinn, dass sie noch nicht zur Aussage von allen anderen geronnen sind.

Irmer: Das hat mir sofort eingeleuchtet, denn du greifst aus ihnen Formulierungen heraus, die schon die Qualität der verdichteten Erfahrung haben, auch wenn sie nicht alle teilen, oder, wie Olaf das meint, auf dieser Ebene bereits symbolischen Charakter haben.

Nicolai: Bei der Sozialisation durch Texte hat sich ja das Verhältnis von Belletristik und Theorie tendenziell verkehrt. Und es ist logisch, dass theoretische Texte andere Funktionen übernehmen können. Und nicht erst dadurch, dass ich dem Diskurs zustimme oder ihn ablehne. Auch Theorie kann dich wie Lyrik emotional formatieren. Der Genuss beginnt, wo die Lektüre die eigene Erfahrung affiziert.

Pollesch: Genau. Ich könnte auch Romane lesen, bei denen ich mein Leben draußen lasse.

Irmer: Euch beide interessiert, wie die heutige Ökonomie Bedürfnisse so strukturiert, dass Menschen ihr Selbstbild rasant auflösen und neu zusammensetzen?

Pollesch: Wie Wünsche zu Befehlen werden. Oder warum jemand seinen Arm bei ebay versteigert, um ein Firmenlogo drauf tätowieren zu lassen.

Nicolai: Oder wie Befehle zu Wünschen werden. Ein Freund Douglas Gordons besitzt eine Arbeit von ihm, ein Tattoo. Auf seinem Rücken steht „Guilty", und zwar in Spiegelschrift, so dass man es nur im Spiegel lesen kann – in dem Medium, von dem Lacan behauptet, es sei das der Selbstkonstitution. Entfremdung, Wunsch, Selbstverwaltung und Inszenierung als Ware – all das überlagert sich hier.

Pollesch: Meine Frage im Theater ist immer, wie man diese Subjektivierungsprozesse erzählen kann, die heute um den marktfähigen Selbstentwurf kreisen: Ich denke, das bin ich. Mit Schauspielern ist das natürlich doppelbödig, denn sie thematisieren bereits entworfene Identitäten im Leben wie auf der Bühne – und das wird bei uns verhandelt.

Nicolai: Und dabei geht es nicht um ein Zurück zu einer Authentizität, die gerade entfremdet wird, sondern um ein Jetzt, in der eine Figur verlangt: Ich möchte dereguliert werden können. Ich möchte den freien Markt auch auf mich anwenden.

Pollesch: Weil es eine Chance ist.

Nicolai: Das sind Ambivalenzen, die in der traditionellen Kritik negativ besetzt sind und plötzlich als Handlungsoptionen erscheinen, die Marktlogik radikalisieren.

Pollesch: Und ihr zugleich widersprechen. Die Schauspieler-Figuren können Kritik üben, das Gegenteil sagen, sich zueinander solidarisch verhalten und alles wieder umdrehen.

Irmer: Um was für eine Art von Kritik handelt es sich hier? Gerade dieses Optionale und Operative innerhalb kleiner, marginalisierter Soziotope (das Theater eingeschlossen) scheint – sofern man nicht die Übersetzung des Symbolischen berücksichtigt – sich vom Projekt einer größer gefassten Kritik von Ökonomie und Gesellschaft verabschiedet zu haben. Oder eben in eine andere Repräsentation übergegangen zu sein.

Nicolai: Das dürfte schwierig sein, ohne zu fragen, wie ich selbst daran teilnehme. Wie ich etwas genieße, obwohl oder weil es problematisch ist.

Pollesch: Diese Totalität im Anspruch von Kritik funktioniert nicht für mich. Wenn das von denen geltend gemacht wird, die mich dafür in Anspruch nehmen wollen, nennen sie das entweder Parodie von soziologischem Jargon oder Eklektizismus von Adorno bis Foucault. Beides stimmt für mich nicht. Dem entgegne ich, dass ich Texte dafür benutze, um über meine Situation nachzudenken, in der sich Verhältnisse oder Technologien finden, die es auch für andere gibt. Es geht aber erst mal um das ganz Spezielle, nicht um eine große Aussage.

Irmer: Ich habe da einen ganz anderen Eindruck, nämlich dass es ganz viele Leute gibt, die deine Arbeiten in viel größeren Zusammenhängen betrachten und sie praktisch als inneres Dokumentartheater ihrer sozio-ökonomischen Verhältnisse auffassen, mit den benannten Ambivalenzen außerhalb einer politischen Kritik daran.

Pollesch: Das hat sich an der Spielweise festgemacht, von der man meint, sie wäre die Entsprechung zum Turbokapitalismus. Noch ein Missverständnis. Bei dieser Spielweise werden Inhalte nicht emotionalisiert, Emotionen sind trotzdem da, wenn an einigen Stellen geschrieen wird – aber es geht mit dieser Spielweise keineswegs um die repräsentative Darstellung des Turbokapitalismus.

Nicolai: Möglich aber, dass dieses Missverständnis dem Turbokapitalismus selbst entspringt, weil die Theaterkritik auf dessen Entertainmentformen zum Vergleich zurückgreift und damit das kritische Potential belegen will.

Pollesch: Nichts von dem, was wir machen, hat ein Vorbild im Fernsehen. Im Kern beschäftigen wir uns mit der Situation im Theater, wo der einzelne Schauspieler allein und Solidarität häufig falsch gemeint ist: Warum willst du dich nicht ausziehen, du siehst doch gut aus. Die Talkshows, wo unreflektierte Subjekte unreflektiert und wirklich dereguliert vorgeführt werden, sind das Gegenteil unserer Arbeit: Die Schauspieler werden ermutigt, sich nicht nur voneinander abzugrenzen, sondern auch vom Regisseur, der ihre Arbeit will.

Irmer: Entsteht dadurch das Authentische, das man deinen Schauspieler-Figuren gern ansieht?

Nicolai: Man muss nicht Soaps sehen, um von ihnen affiziert zu werden. Die laufen früher oder später so oder so im Format „Reality".

Pollesch: Nichts ist im Theater verheerender als die Arbeit am Authentischen. Die bringt Leute dazu, Dinge zu tun, die sie nie im Traum tun würden. Da kommt tatsächlich die Wunschproduktion ins Spiel – alles zu verkörpern, was man nicht ist. Der Begriff des Authentischen spielt trotzdem eine große Rolle bei mir, und Schauspieler sprechen bei den Proben von sich, sie sollen es, und das macht ihre Arbeit mit mir aus, weil es in den Prozess mit eingeht. Aber es geht nicht um das Authentische eines Einzelnen.

Nicolai: In der bildenden Kunst gibt es dieses Problem auf einer anderen Ebene. Deine Autorenposition wird oft mit der Aussage einer Arbeit identifiziert. Man denkt sich den Künstler als „expressiv identisch". Dass die Haltung eines Autors nicht die ist, „Ich" zu sagen und sich zu meinen, ist für Literatur selbstverständlich.

Pollesch: Wir sind als Schauspieler, Regisseur, Bühnenbildner, Autor auch erst mal Affirmation – und Stachel in diesem Betrieb. Denn mit unseren Produktionen geht es darum, diese traditionellen Rollen aufzuheben, in denen der Regisseur als sexistischer Machtmensch mit den Schauspielern als seinen Opfern arbeitet – um etwas vom Autor vorgeblich Gesellschaftskritisches herzustellen.

Irmer: Und du als Autor?

Pollesch: Ich kann zum Beispiel dafür sorgen, dass die Textmengen und Spielanteile gerecht verteilt sind. Da fängt die Möglichkeit von Solidarität an – dass keiner sagen muss, ich habe ja bloß eine Nebenrolle abgekriegt, der aber wieder die Hauptrolle. Ein Dramatiker macht sich darüber normalerweise gar keine Gedanken. Der schreibt in einem Kunstverfertigungsprozess, der das völlig ausklammert. Das ist eine Art Demokratisierung, mit der die Vision des autonomen Künstlers in Frage gestellt wird – als Autor und Regisseur bin ich absolut dafür. Auch wenn geschätzte Kollegen wie der Volksbühnen-Dramaturg Carl Hegemann und Christoph Schlingensief meinen, dass ein genialischer Künstler mehr bewirken kann als ein Kollektiv.

Nicolai: Aber werden Arbeiten von erfolgreichen Künstlern nicht zwangsläufig mit dem entscheidenden Signifikanten „AUTOR", in deinem Fall „Pollesch" identifiziert, egal wie arbeitsteilig das Produkt ist? Wie starr dieses System Person, Namen und Individuum identifiziert, das kannst du sehen, wie es wirkt, wenn Künstler wie Christo oder Kabakov nach 20 oder 30 Jahren, versuchen, im Namen eine Produktionsstruktur zu signalisieren, in die sie ihre Frauen integrieren. Da wird erst mal gelächelt. Der Name ist Marke.

Irmer: Deshalb wird gelegentlich von der „Polleschisierung" des Theaters gesprochen, in dem von der Besetzung bis zur Auswahl der Musik alles auf dein Konzept allein zurückgeführt wird, das nun mit dem Stammhaus in Berlin von Hamburg und Luzern bis nach Hannover und Wien scheinbar als das Werk eines Einzelnen sich rasch verbreitet hat.

Pollesch: Leider meist mit einem wieder völlig falschen Künstlerbild. Das Stereotyp vom romantischen Selbstzerstörer, der einzig in seiner Kunst aufgeht und sich überall dafür verfeuert – bis hin zu Drogen und Alkohol als Schmiermittel. Da könnte ich richtig intolerant werden.

Nicolai: Inwiefern Subjekte mit Individuen gleichgesetzt sind, das kann man ja thematisieren, direkt in die Arbeit involvieren. Wenn ich Gestaltungsentscheidungen an z. B. Architekten delegiere, dann greife ich da nicht mehr ein. Unter meinem Namen steht ihr Produkt und ich verweise im Titel auf ihren Entwurf. Oder man kann das zum Gegenstand einer Perfomance machen, wie jene legendäre Kippenberger-Rede, trunken vorgetragen zur Eröffnung eines Freundes, deren Text dann wieder von Andrea Fraser als eigene Performance (*Art Must Hang*) vorgetragen wird. Nur, zum Schluss stehen wieder die Namen.

Pollesch: Als Autor versuche ich dem Rechnung zu tragen, dass die Autoren, die ich verwende, Tantiemen bekommen. Auch da verstehe ich mich nicht als autonomer Produzent, vielmehr ist es so, dass ich deren Texte weiterschreibe. Das aber hat nichts mit den Schauspielern zu tun, die schreiben nicht. Ich bringe ihnen etwas auf die Probe, woran sie arbeiten können. Das allerdings war ein langer Prozess, denn angefangen habe auch ich als Theaterautor mit einem Stück, an dem ich fern vom Theater fünf Jahre lang gearbeitet habe. Eine traumatische Erfahrung. Heute kann ich sehr schnell auch für Schauspieler schreiben, die ich noch gar nicht persönlich kenne, und ich muss dann als Regisseur sehen, ob sie das interessiert, damit die Arbeit in Gang kommt. Wenn die Texte nur Nieten sind, bringe ich am nächsten Tag was anderes mit. Aus dem Grund verstehe ich mich auch nicht als Verfasser von Meisterwerken oder Literatur – an dieses Konzept glaube ich nicht. Sondern es geht darum, etwas verstehen zu wollen, von den Spielern aus mit den Zuschauern.

Irmer: In deinen Aufführungen wird ja viel gelacht, wahrscheinlich weil die Kritik, die mit hochtrabenden Subjektauflösungsdiskursen auf die Alltagswelt der hilflosen Selbstausbeutung trifft, ambivalent bleibt.

Nicolai: Ich finde das immer toll, wie die Theorieversätze, die in Diskussionen, auch unserer, ernsthaft fürs Argumentieren genutzt werden, auf einmal die Qualität von extrem guten Witzen haben.

Pollesch: Ich nehme die Theorie nicht, um sie zu blamieren oder zu karikieren.

Nicolai: Das meine ich auch nicht. Aber auf einmal stehen da schwere Brocken da wie Entertainment, vielleicht auch quer zu den Intentionen ihrer Verfasser. Wobei Theoretiker wie Zizek und Agamben ständig auf Tour sind und für ihr Publikum eigentlich nichts anderes machen.

Pollesch: Ja, die sind sexy. Und auch diese Bedingung der Ideenproduktion in der heutigen Ökonomie muss mitreflektiert werden.

Nicolai: In der bildenden Kunst sind Entertainment und Spektakel Reizworte. Weil man Angst hat, damit die Marktlogik zu stützen. Ausstellungen wie sie Nicolas Bourriaud seit *Traffic* und im Palais Tokyo/Paris oder Rein Wolfs im Migros Museum Zürich gemacht haben, wurde „l´art pour l´art" oder „Spaßkultur" vorgeworfen. Das Spektakel ist aber heute doch selbstverständliche Erfahrung, wieso soll das nicht produktiv sein können? Gerade wenn es wieder mal so ungebrochen tönt: „Der Spaß ist vorbei! Jetzt beginnt wieder der Ernst des Lebens!" Das klingt wie: Hören Sie auf zu kichern! Ihre Meinung, bitte!

Pollesch: Das ist schon vergleichbar. Vom Theaterautor wird ja auch in erster Linie eine Erkenntnis erwartet, die er als ernsthafte Feststellung ausspuckt. Das ist genau das, was wir unterschlagen. Erkenntnisse, Bilanzen – ich stelle Fragen und wir wollen was verstehen. Da geht's um Prozesse, da steckt die Kritik. Der Text per se ist ja nicht so wichtig – die Schauspieler müssen ihn wichtig machen, ohne Sprachrohr des Autors zu sein.

Nicolai: Die Schwierigkeiten beginnen, sobald du den Produktionsprozess über den gegebenen Rahmen hinaus dehnst. Bei einem Wettbewerb in Leipzig zur Gestaltung des Geländes der zerstörten Synagoge habe ich vorgeschlagen, das Areal zum exterritorialen Gebiet erklären zu lassen. Und dieser Versuch sollte genau dokumentiert werden. Die daran anschließenden öffentliche Diskussionen, die Verwaltungsvorgänge, Beschlüsse, die Argumente und die rechtlichen Grenzen. Ich hatte vorher ein Rechtsgutachten eingeholt, in dem von einer tendenziellen Unmöglichkeit gesprochen wird. Für mich wäre dieses Material die eigentliche Arbeit gewesen. Als eine Chance, nachzuvollziehen, warum was geht, oder eben nicht. Entspricht nicht den Erwartungen an eine Gedenkstätte. War ein Argument. Interessant, aber ... zu komplex zu koordinieren, ein anderes.

Pollesch: Das ist für mich ein Beispiel für die Unterschlagung von Alltag. Erfolg garantiert gar nichts, höchstens Missverständnisse.

Nicolai: Wahrscheinlich nicht mal das, sondern nur Zustimmung, die zu nichts verpflichtet.

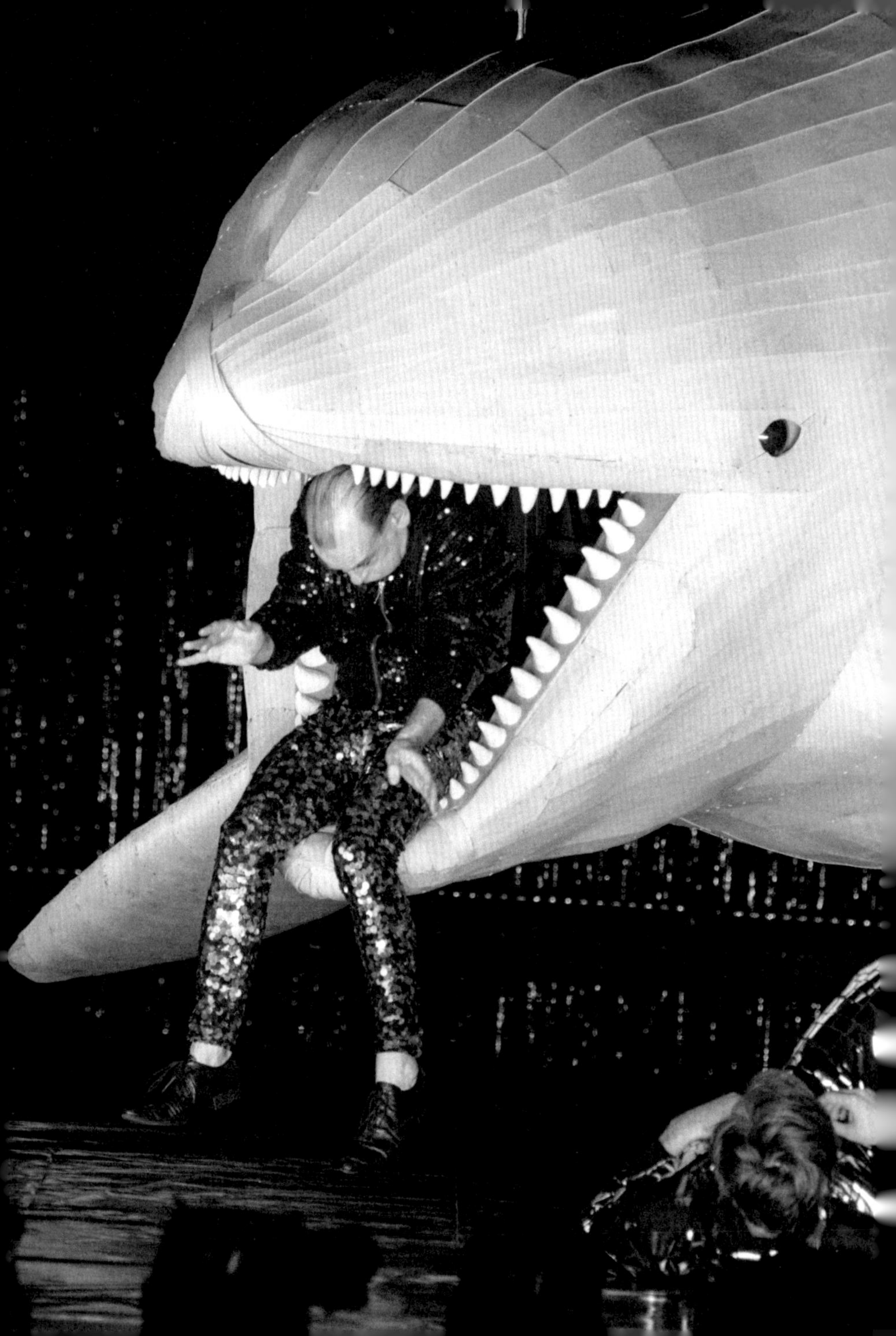

Liebe, Schreiben, Popmusik

Mit der Produktion Von einem der auszog, weil er sich die Miete nicht mehr leisten konnte *ging René Pollesch 2015 an der Volksbühne ins große Format des Musiktheaters. Das Filmorchester Babelsberg spielte die Komposition von Dirk von Lowtzow, Gründer der Hamburger Band tocotronic, im Arrangement und der Orchestrierung von Thomas Meadowcroft wie die Musik zu einem gigantischen Blockbuster großer Gefühle – aber im Kontrast zu dem im Stück behandelten Diskurs von Liebe und Begehren als nicht gelingender Kommunikation. Im Bühnenbild von Bert Neumann spielten Franz Beil, Lilith Stangenberg und Martin Wuttke. Ein paar Tage nach der Premiere war René Pollesch ungewöhnlich auskunftsbereit zu seinen Theoriebezügen und der eigenen Entwicklung als schreibender Theatermacher.*

Das Gespräch fand im Frühjahr 2015 vor Kamera für die 3sat-Sendung Kulturpalast *in der Kantine der Volksbühne statt.*

Foto links **Martin Wuttke und Franz Beil** ***Von einem der auszog, weil er sich die Miete nicht mehr leisten konnte.*** **Oper von Dirk von Lowtzow und René Pollesch an der Volksbühne am Rosa-Luxemburg-Platz 2015. Regie René Pollesch, Bühne Bert Neumann, Kostüme Nina von Mechow,**
Foto: Marcus Lieberenz/bildbuehne.de

In eurer Oper geht es unter anderem um das Phantasma der Liebe. Für viele, die schreiben, ist das einmal der Anfangsantrieb gewesen. War das bei dir auch so?

Ich habe so nicht angefangen, obwohl ich sehr früh zu schreiben anfing, als ich eine Reiseschreibmaschine geschenkt bekam. Auf der habe ich Krimis geschrieben. Meine Mutter hat im Dorf den Nachbarn immer erzählt, ich hätte zehn Seiten Krimi geschrieben, und damit geprahlt, wie viele Leute da auf jeder Seite umkommen. Sie hätte lieber geprahlt, wie verliebt ich wäre und dass ich wunderbare Liebesgeschichten schreibe, aber das waren tatsächlich Krimis und Geschichten über Agenten, einfach das, was ich im Fernsehen konsumierte. Meine Lektüre neben dem, was man als Teenie so liest, Hesse und so was.

Es gibt dieses Zitat von La Rochefoucauld: Wir wüssten nicht, wie wir lieben, hätten wir nicht schon über die Liebe gehört. Ich hatte einfach von der Liebe nicht so viel gehört wie von Amokläufen, Spionage und solchen Sachen.

Aber die Liebe als Treibstoff für Literatur war dir schon bekannt?

Es ist sehr viel komplexer. Einige der besten Texte hat man geschrieben, wenn man verliebt war oder einen Konflikt damit hatte. Oder die Liebe zu Ende ist. Ich finde, weil ich ja Theatermensch bin und keine Lyrik oder Romane schreibe, das Wort *Liebe* oder *Leben* und *Tod*, wenn du das auf der Bühne sagst, dann denken 400, 600, 1.000 Leute, sie hätten was zu tun mit dem, was auf der Bühne stattfindet. Das ist manchmal sehr ernüchternd.

Ich hab' mal in Stuttgart *Der Bau* von Heiner Müller gesehen, ein komplexes, dialektisches Stück, 600 Leute dämmerten langsam weg, bis jemand, eine Frau, die eine Arbeitertruppe leitete, zu einem Mann sagte: Ich erwarte ein Kind von dir. Da gab es so ein erlösendes Aufatmen im Publikum und alle dachten, ja hier sind wir doch richtig. Das ist perfide, weil die Liebe tatsächlich etwas ist, das alle anderen ausschließt. Obwohl es nur einen oder zwei betrifft und alle denken, sie hätten damit zu tun. Das finde ich ein bisschen krank im Theater, dass damit so gepokert, gedealt wird. Wir versuchen, immer sehr vorsichtig damit zu sein. Uns ist klar, dass ein Liebesthema zieht und die Leute abholt. Nur versuchen wir halt, sie in unserem Sinne abzuholen. Die Oper ist ein Abend über Identitätsverlust und darüber, wie er zustande kommt. Der Auslöser, so fängt es ja an mit dem ersten Wort, ist das Begehren. Da ist die Vorstellung, dass es weg ist bei den Leuten, die auf sie zukommen. Da ist die Frage: Warum ist es weg? Wieso? Warum ist es da, warum ist es weg? Warum ist der Gegenstand des Begehrens weg? Weil er vielleicht dort auftaucht, wo man ihn nicht erwartet?

Liebe, ich weiß gar nicht, ob das Wort *Liebe* fällt – es wird umkreist. Und sicher ist es in meinem Leben ist ein Motor. So wie sich Schauspieler in schreckliche und terroristische Interessengeschichten verwickeln, möchte ich mich selber in welche verwickeln, damit ich einen Abend machen kann. Aber auch mit diesem Vorschlag von Adorno, weg mit diesem Getue, Liebe sei ein Vulkan, der mal erlöschen kann und dann wieder ausbricht für jemand anderen. Sein Vorschlag ist ja, nicht wegrennen, wenn's kompliziert wird. An Dauerhaftigkeit arbeiten.

Aber romantische Liebe wird in der Kunst trotzdem erhöht.

Wenn romantische Liebe eine Zielsetzung ist im Theater, im Roman, im Gedicht, dann ist sie tatsächlich zu Ende mit dem Theaterabend, dem Romanende, mit dem Ende des Gedichtes. Weil entweder alle gestorben sind oder sich umgebracht haben. Es gibt ein geiles Buch von Carl Hegemann. Da sagt er, Liebe endet immer tödlich. Für die Liebenden oder die Liebe. Meistens für die Liebe.

Diese romantische Konzeption ist tatsächlich immer noch vorhanden. Von der scheinbar alle Lieder künden, alle Filme. Eine romantische Liebeskonzeption, der alle hinterherrennen. Aber wenn man Beziehungen anguckt, die Leute miteinander führen, die nicht mal ein Jahr dauern: Da gibt es einen, der noch besser ist, und man kann sich noch mal verlieben – das kommt mir alles ein bisschen suspekt vor. Da zündet dann diese Geschichte von Adorno, dass er sagt: Spontaneität, dieses sich immer neu Entzünden und sich Befragen, liebe ich noch, oder ist das jetzt vorbei, mein Begehren für den anderen, dass das eigentlich ein Werkzeug der Gesellschaft ist: Wir sind aufgefordert, dieser Spontaneität nachzugeben.

Popsongs erzählen, mit der Brüchigkeit romantischer Liebe, oft vom Ende der Liebe.

Weil sie alle leiden wollen. Coldplay gehen mir auf die Nerven, weil das britische *lads* sind, die sich beschweren, dass man sie nicht mehr liebt. Kein Wunder, diese Waschlappen. Das geht mir auf die Nerven, wenn Männer davon singen, wie schlecht es ihnen geht, weil eine Frau sie verlassen hat. Die reden ja nur von sich, die Typen.

Während die Frauen in den Texten nur als Inhalt einer Sprech- und Gedankenblase vorkommen. Aber es gibt immer mehr Frauen, die erfolgreicher sind in der Popkultur als Männer.

Was ist anders bei den Frauen *im post-romantischen Diskurs*?

Gerade hat mir jemand ein Madonna-Lied vorgesungen, und in dem Lied geht's um Madonna. Nicht, dass sie unglücklich verliebt ist, sondern was man sich so erzählt über sie. Und dass man sie doch in Ruhe lassen soll. Die schreibt alle ihre Sachen selber – wusste ich bis gerade eben auch nicht.

Wie habt ihr die Oper in der Entwicklung verabredet?

Dirk hat schon sehr früh diese Lieder dafür geschrieben. Er hat sich dabei orientiert an dem Konzertsaal-Artikel von Adorno in *Minima Moralia*. Wo er beschreibt, nicht wegrennen, wenn's kompliziert wird, arbeitet an eurer Beziehung, gehorcht nicht dieser Spontaneität. Dauernd in sich hineinhorchen, ob man den anderen immer noch liebt. Das ist ein Werkzeug der Gesellschaft. Schluss damit, arbeitet an einer Dauer. Dazu Alain Badiou, der das *Lob der Liebe* schreibt und sich auch um die Dauer der Liebe kümmert, nicht um die Emphase, nicht um die Intensität. Das sind Autoren, die Dirk interessieren. Und er weiß auch genau, dass wir uns in den letzten Jahren dafür interessiert haben, weil er die letzten Abende hier in der Volksbühne verfolgt hat. Ich hab' Dirk von Lowtzow nur gefragt, wollen wir zusammen eine Oper machen. Da hat er ja gesagt, und die erste Verabredung war, dass weder ich ihm was diktiere noch er mir. Bei den Liedern hat er jetzt doch an das gedacht, was er bei uns gesehen hat, um einen Bezug herzustellen, auf den wir dann letztlich gar nicht eingegangen sind. Weil das sofort so eine Gehorsamkeitsfalle ist. Dass man dem Vorschlag gehorcht. So wie mal Martin Wuttke *Don Juan* hier gespielt hat, und dann sitzt jemand am Tisch und sagt, aber bei Molière kommt doch das und das vor. Also wenn wir nicht wissen, wie es weitergeht, können wir mal in Molière reingucken. Also, das geht ganz und gar nicht. So kann man keinen Theaterabend machen, dass man so hinterher hoppelt.

Mich hat am Theater bei dem Thema auch gestört, dass Leute auf dem Boden rumkriechen, sich schlagen und verzweifelt sind und dann sowas sagen wie: *Das Leben* oder *Die Liebe* oder *Der Tod*. Sodass die Aktion nachträglich mit einem existentiellen Wort überzogen wird. Das stört mich: diese Hängematte, diese Faulheit. Mich hat nicht interessiert, wie die Liebe über die Jahrhunderte sich ändert und die Codierungen wechselt, sondern Liebe und Geld, warum ist das so scharf getrennt.

Ein altes Thema, das sich bei dir wie ein roter Faden seit den frühen Stücken durchzieht.

Das Thema, was ich seither habe, ist nicht nur Liebe, sondern Authentizität. Es fing an mit einem Stück, das haben wir im Prater gemacht, *Insourcing des Zuhause – Menschen in Scheißhotels*. Ein Schauspieler sagte: Die intensivsten Erlebnisse in meinem Leben habe ich gekauft, dafür habe ich bezahlt. Das hat neulich Sybille Berg bei Facebook veröffentlicht, weil sie anscheinend was damit anfangen kann. Daraufhin wurde das kommentiert bei

Facebook – und eine authentische Seele schrieb, wenn das so ist, müssen wir uns um die allerintensivsten Erlebnisse kümmern. Dass bei so großen intensiven Erlebnissen Geld fließt, da gibt es bei so einer authentischen Seele sofort einen Neutralisierungswillen: Das darf nicht sein. Das kann ja wohl nicht echt gewesen sein, das Erlebnis. Die Liebe, die man unter ökonomischen Bedingungen erfährt, die Zuwendung. Und da gibt es eine interessante Geschichte von Carl Hegemann über Uwe Johnson. Es ging nicht ums Geld. Aber das Neutralisierungsargument ist immer, das war nicht echt. Das ist auch ganz wichtig in unserer Gesellschaft, das in der Ökonomie auseinander zu halten, Liebe und Geld. Wenn man anfangen würde, die Mutterliebe zu bezahlen, die ist natürlich. Wie soll man die in Geld messen? Da gibt's Kindergeld, aber sonst ist das kein Beruf, eine soziale Sphäre zu kreieren. Und es war Johnsons größter Wunsch, eine intensive Beziehung zu haben zu einer Frau, mit der er zusammenarbeitet, zusammenlebt und Sex hat. Und in der Tat hat er 18 Jahre mit ihr gelebt, bis dann rauskam, sie war vom Geheimdienst auf ihn angesetzt.

Mich hat interessiert, ob eine kapitalistische Konstruktion Liebe hinkriegt. Der Abend ging über Hotels, sogenannte *Boarding Houses*, die anders als Hotels mit ihrer Anonymität für Leute, die sehr viel unterwegs waren, eine Marktlücke waren. Es gibt Leute, denen steht das anonyme Dasein in Hotels bis hier, sie brauchen Zuwendung.

Hast du das selbst mal erlebt?

Bevor ich richtig am Theater arbeiten konnte, habe ich ein kleines Fernsehspiel gemacht fürs *ZDF*. Und da wohnte ich 1998 in einem Miniapartment im Büro Suite Hotel. Schreibtisch, selber kochen. Die Rezeption war viel kleiner, aber es gab eine Art Concierge. Eine Frau, die sich mehr um die Gäste kümmerte als in Hotels. Intime Beziehungen, nicht sexuell. Personifizierte Info zu allem, was man gewohnt ist. Die sind extrem eingestellt auf diese Gäste. Und die Frage ist, wie kann man das überhaupt mobilisieren in Angestellten. Dieses Vermögen, eine persönliche Beziehung zum Kunden herzustellen. Und das wurde für mich interessant in der Zeit. In den 90er und 00er Jahren wurde das ein Paradigma für Emotionen. Nicht wie im Theater, sondern das müssen offene Menschen sein, die Sonnenschein im Herzen haben und die sowieso gegenüber jedermann offen sind. Ich sehe da gar kein Dilemma. Wie bei dem Post von Sybille Berg. Ich fand interessant, dass das sofort attackiert wird. Du sagst, für dieses Erlebnis hast du bezahlt. Das ist für Disneyland nichts Ungewöhnliches. Da gibt's 'nen Erlebnispark. Du erlebst das, wenn du die Figuren kennst. Für die Kinder findet etwas in ihnen statt. Das ist alles vorbereitet für die Kunden … Konsum als Arbeit.

In der fiktiven Welt eurer Oper ist die Selbsttäuschung über den anderen oder das Andere als Realisierung von Subjektivität praktisch vorgegeben.

Bei der Oper ist es so, dass es gar keine andere Möglichkeit gibt als das. Da gibt es keinen Riesenmarkt, der uns ein Phantasma anbietet oder Emotionen, die wir realisieren können, sondern: Wir haben ein Problem markiert, alle Beteiligten.

Bei der Lektüre von Žižeks Buch *Ich höre dich mit meinen Augen* fanden wir den Hinweis auf ein Vorgehen von Hitchcock. Dinge abzufilmen mit einer Intensität wie bei Lynch – wie die Fahrt auf ein Haus zu. Bei *Eraserhead* ist es eine Heizung.

Das Psycho-Haus, Gesichter von Autos, Gang auf ein Haus – und man hat das Gefühl, das Haus sieht einen an. Die Herausforderung, das Haus nicht zu subjektivieren, das findet Žižek interessant und meint, das ist mit allen Gegenständen so. Sie gucken uns an und sprechen. Wenn man das ernst meint, der Stuhl, der Bleistift spricht mit mir, wird man sofort weggesperrt. Das Einzige, wo das zugelassen wird, ist du, bist du und da ist Udo. Das einzige, was spricht, dass deine Augen mich angucken. Da dürfen wir subjektivieren. Da dürfen wir auch zulassen, dass sich Subjektivität an dir produziert, dass ich dich auffülle, was in dir ist. Das fanden wir interessant, weil das im Theater ja auch produziert wird vom Publikum. Aber nicht in dem Sinne, stellt irgendwas hin, das genügt, dass man nicht unterwiesen wird mit einer Botschaft. Sondern dass jeder von uns subjektiviert. Und in der Oper sowieso, da singt alles und die Töne sprechen.

Dann könnte es sein, dass – wenn man sich mit Niklas Luhmann und seiner Systemtheorie beschäftigt – um uns nur weißes Rauschen ist und wir dauernd uns produzieren müssen. Dass wir dauernd wahrnehmende Selektion vornehmen. Also der Tisch spricht zu mir und sieht mich auch an, aber ich tue mal lieber so, als wäre das nicht so. Sondern ich gestehe es dir zu. Und das ist der Versuch, einen Kontakt zu entwickeln. Unter uns Menschen. Der einzig mögliche Versuch.

Heiner Müller meinte, Liebe ist falsches Bewusstsein.

Vielleicht ist das Bewusstsein falsch, eine Illusion. Das Einzige, was wir zur Verfügung haben, um nicht hysterisch zu schreien. Weil wir keine andere Möglichkeit haben, in Kontakt zu treten. Luhmann sagt, Liebe ist eine Anomalie. Oder eine ganz normale Unwahrscheinlichkeit. Er geht davon aus, dass alles, was ich in meinem Kopf habe und zu Sprache mache und auch nicht zur Sprache bringe, dass dies nicht weitergedacht werden kann. Unser Denken ist nicht anschlussfähig. Aber so können wir nicht existieren. Ist mir auch schon passiert in der Arbeit, dass man denkt, man steht im Kontakt miteinander und dann in der Endprobenphase stellt sich heraus, nichts von dem, was hier bei mir drin ist, kann man annähernd rüberschicken. Weder durch Sprache, Eloquenz oder irgendwas.

Ich bin jetzt kein Luhmann-Experte. Das ist ein großes Wort von der Unwahrscheinlichkeit, miteinander zu kommunizieren. Man kann das verringern, das findet statt, und das machen wir die ganze Zeit, das produzieren wir. Warum habe ich das Gefühl, dass etwas in mir ist, und das ich meine Subjektivität nenne, mein Ego, mein Bewusstsein, und denke, dass das auch in dir existiert? Und in dir gibt's eine B-Version, nicht, weil ich sie abschwächen will – eine Variation dessen, was ich bin, gibt es auch bei dir. Und darauf gehe ich zu. Wenn jetzt ein Hund hereinkäme, darauf legt Donna Haraway großen Wert, warum dann nicht auch bei dem? Und warum nicht mit dem Stuhl. Wir schließen bestimmte Organismen und Gegenstände davon aus. Denen nicht zugestanden wird, eine Kommunikation stattfinden zu lassen.

Ich hab' da die Frage: Ob die Liebe als Möglichkeit das eher zulässt? Also wenn ich jetzt an dir Subjektivität produziere und das ist möglich – und der Realitätsverlust, von dem wir in der Oper reden, ist der Moment, wo es nicht mehr möglich ist, nicht mehr geht, dann ist die Frage, warum kann ich das nicht mehr. Da gibt es etwas in dir, was mit mir spricht, was mich ansieht, das bringt mich auch erst hervor. Wenn ich das nicht machen würde, gäb's mich auch nicht. Und der Realitätsverlust in der Oper, die drei, die versuchen, das herauszukriegen, sehen alles wegfliegen. Die sehen tatsächlich die Realität unter ihren Fingern zerbröseln. Und auch das, was sie sich jahrelang erzählt haben, diese Beziehung, über die gesprochen wird an dem Abend, wie kann das alles plötzlich zerrinnen, warum ist das nicht mehr da?

Sie stellen erstmal fest, der Andere ist nicht da. Er ist da, aber gehört nicht dahin. Er schneidet durch seine Anwesenheit dieses Loch rein. Er ist gleichzeitig da und nicht da. Das mit dem Vokabular von Lacan und Žižek, nicht Luhmann, versuchen wir zu untersuchen. Was geht da vor, was legt das auf unsere Subjektivität. Wer sind wir? Was produzieren wir denn da? Und warum können wir es plötzlich nicht mehr produzieren? Das fand ich das Spannende: Warum hört das auf? Dafür gibt es keine Lösung, dass wir das nicht mehr produzieren. Das ist ein Schock, dass das Phantasma plötzlich Teil der Realität ist. Dass man, was man die ganze Zeit reflektiert hat, nach zehn Jahren wieder sieht. Martin Wuttke hat beschrieben, wie er mit seinen Vorstellungen von Los Angeles nach LA kam und dachte: Scheiße, sieht ja genauso aus, wie ich es mir vorgestellt habe. Das ist unheimlich. Das sagt an einer Stelle auch Žižek mit Freud, dass man das hat, bis man kleine Fehler sieht und sagt, das ist die Realität, denn es deckt sich ja doch nicht mit meiner Vorstellung. Dieses Phänomen versuchen wir auch zu beleuchten. Warum gibt es keine Fehlerquelle zwischen der Vorstellung und dem, was eigentlich passiert?

Also keine direkte Aktualität oder soziale Realität, wie der Titel eigentlich nahelegt – *Von einem der auszog, weil er sich die Miete nicht mehr leisten konnte*?

Ich finde, unsere Arbeit zeichnet sich dadurch aus, dass wir nicht ein gesellschaftlich relevantes Thema wie Fukushima oder Finanzkrise nehmen und ein solches Thema jonglieren, uns kundig machen, alles recherchieren, sondern ein autobiografisches Thema haben, das nie autobiografisch ist, aber um das man sich kümmert. Und nehmen wir mal an, dieser Realitätsverlust ist ein autobiografisches Detail von uns, die wir den Abend machen, so versuchen wir dieses Erlebnis zu befragen. Man kann sich kein Bild davon malen, sondern versucht einfach, sich dem anzunähern. Mit Theorien zu gucken, wie kann man das beschreiben. Nicht eine Geschichte zu erzählen, sondern mit Theorie in den Griff zu kriegen, mit einem bestimmten Vokabular. Theorie ist da lebensrettend.

Und der Orca, der vielleicht alles verschlingt und wieder ausspuckt?

Wenn Bert Neumann das Bühnenbild macht, ist er der Autor unserer Abende. Er gibt uns eine einzigartige Spielmöglichkeit. Das habe ich gelernt. Ein Orca als Bühnenbild, das musste ich erst rausfinden. Das macht mich aber nicht zum Sklaven dieses Autors. Denn es gibt ja noch

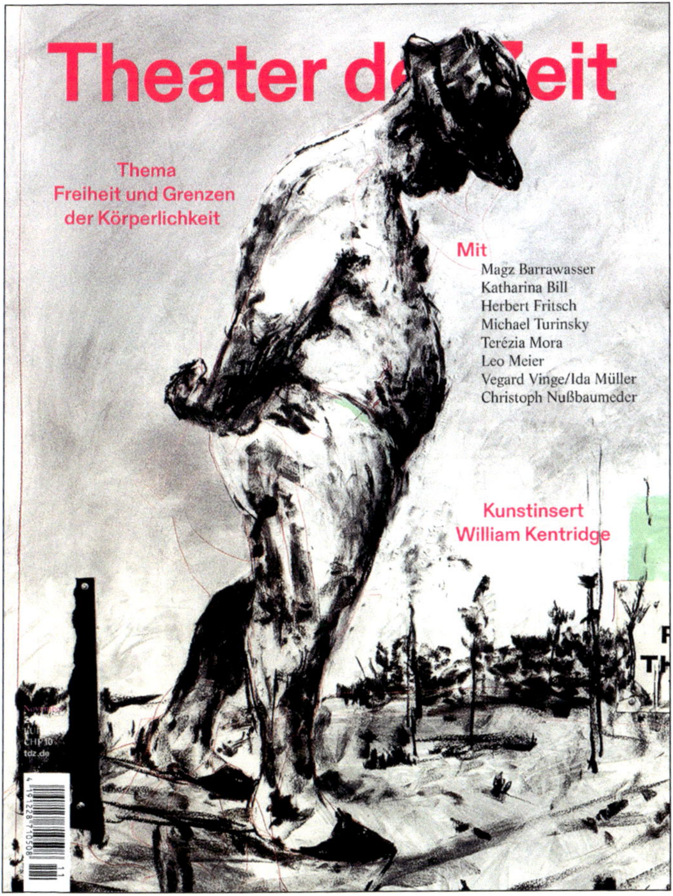

einen anderen Autor, Dirk, der die Songtexte geschrieben hat. Es geht nicht um die Interpretation seiner Texte, die sind auch nicht anschlussfähig, aber letztlich haben wir alles zusammengebracht. Was weiß ich, wie John Cage und Robert Rauschenberg und Merce Cunningham ihre Sachen zusammengebracht haben. Die haben das als Collage geschafft.

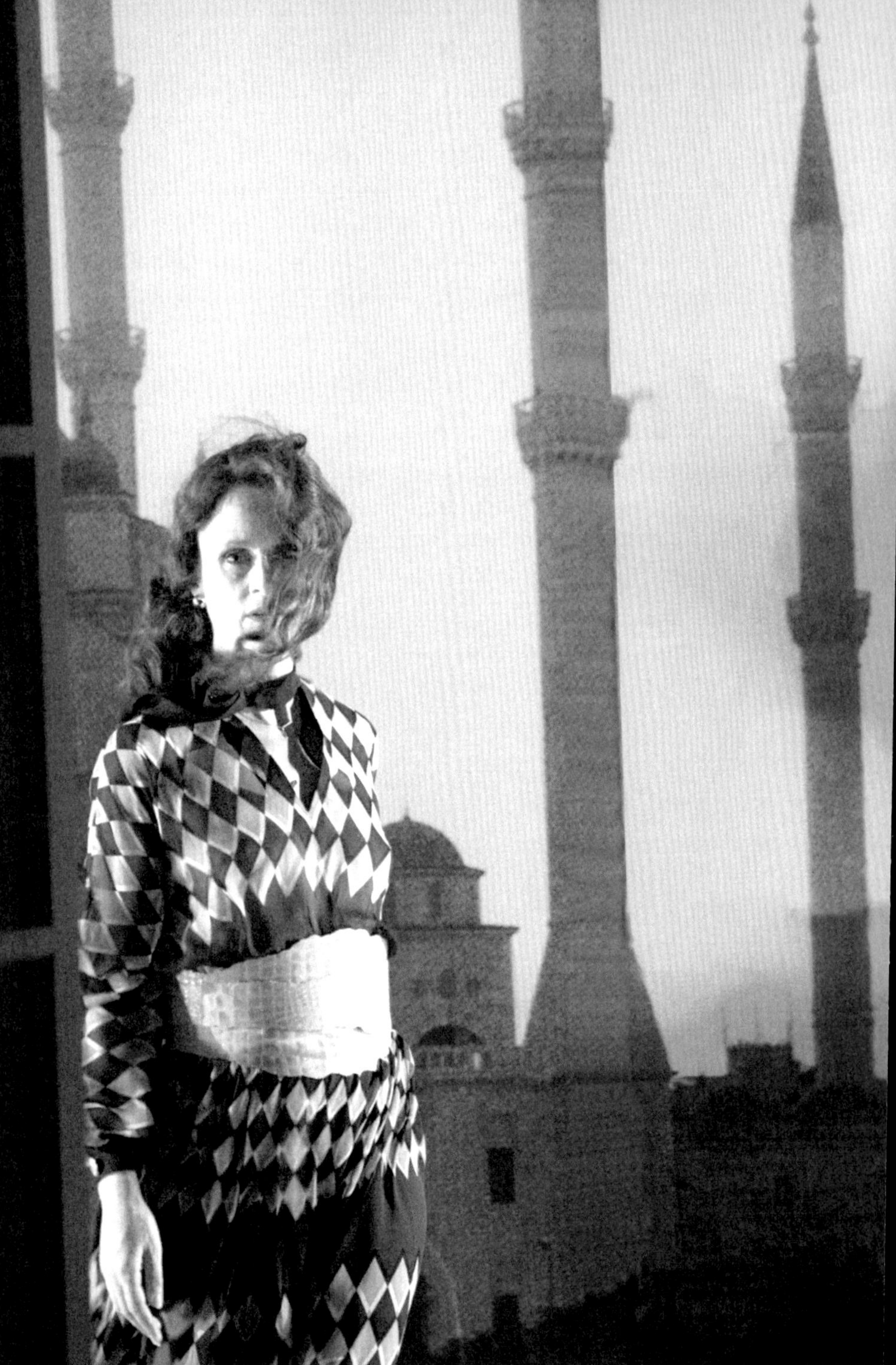

Den Regisseur komplett in Frage stellen

Die Berufung von René Pollesch als Intendant der Volksbühne erweiterte das Interesse an seinen Theaterarbeiten auf die Frage, ob sich deren Prinzipien der koproduzierenden Bühnenbildner und Schauspieler auch auf die Leitung eines Theaters übertragen ließen, zumal eines solch besonderen wie der Volksbühne. Das Interesse ging nicht nur über Berlin hinaus, sondern war sogar international.

1999 gründete die Journalistin Eva Therese Bjørneboe in Oslo Shakespeare *als Theaterzeitschrift im Quartalsrhythmus mit einer stetigen Berichterstattung über Theaterereignisse in Deutschland, in der die Arbeiten der Volksbühne sehr viel Beachtung fanden – manchmal mit nachfolgenden Gastspieleinladungen, die wiederum die norwegische Theaterszene beeinflussten. Die Heraus-*

Foto links **Sophie Rois in *Diktatorengattinnen* von René Pollesch an der Volksbühne am Rosa-Luxemburg-Platz 2007. Regie René Pollesch, Bühne und Kostüme Bert Neumann,** Foto: David Baltzer/bildbuehne.de *geberin wollte sofort ein Interview mit René Pollesch über dessen Pläne für die Volksbühne und dieser war, weil er sich damit nicht direkt an die Berliner Theater- und Journalistenszene wandte, mit großer Offenheit dafür bereit. Ein Aspekt war sicher auch, dass das deutsch-norwegische Performance-Duo Ida Müller/Vegard Vinge in dieser neuen Volksbühne eine zentrale Rolle spielen sollte, wozu es dann aber nicht kam.*

Das Interview von Thomas Irmer erschien in norwegischer Übersetzung in Shakespeare #2-3 (Sommer 2019) und wird hier zum ersten Mal in seiner deutschen Fassung veröffentlicht.

Am 12. Juni 2019 hat der Berliner Kultursenator Klaus Lederer im Roten Salon der Volksbühne Sie als neuen Intendanten dieses Theaters ab 2021 vorgestellt. Diese Entscheidung war nach dem Scheitern Chris Dercons mit allergrößter Aufmerksamkeit erwartet worden – und es gab zuvor alle möglichen Vorschläge für die Zukunft der Volksbühne nach diesem absoluten Schlamassel. Wie verlief Ihre Bewerbung in dieser Situation?

Unsere Bewerbung lief über einen Zeitraum von zehn Monaten und war sehr ausführlich und musste mehrfach nachgebessert werden. Von Anfang an sollte auch überprüfbar sein, ob das finanziell tragfähig ist, was wir vorhaben. Das war also alles sehr sorgfältig, wahrscheinlich auch aus der Erfahrung der vorherigen Berufung von Chris Dercon, wo bestimmte finanzielle Aspekte trotz eingängiger Warnungen schon im Vorfeld vernachlässigt wurden – wie später aus der Recherche über seine Planungen zu erkennen war. Bei uns ist der Großteil der Produktionen aufgeführt mit konkreten Angaben, ob das bezahlbar ist, ausgearbeitet von einer erfahrenen Betriebsdirektorin.

Ein Anknüpfen an die alte Volksbühne, in der Sie bis 2017 neben Frank Castorf und Christoph Marthaler zu den wichtigsten künstlerischen Positionen gehörten?

Ein Anknüpfen mit neuen Inhalten. Und mit neuen Künstlern natürlich. Jetzt könnte man natürlich sofort einwenden, ich bin nicht so neu und Vegard Vinge und Ida Müller sind auch nicht neu an der Volksbühne. Aber die Konstellation, in der wir hier zusammenfinden, ist durchaus neu. Was mich besonders gefreut hat, und das mag für dieses

Neuzusammenfinden stehen, ist die Begegnung von Martin Wuttke und Ida und Vegard. Ich kannte die beiden vorher kaum – vor allem nur durch Bert Neumann, der sie ja bis zu seinem frühen Tod sehr unterstützte – und habe nun das Gespräch mit ihnen gesucht. Das war sehr toll, sehr ergiebig und sehr konkret. Das sind keine Theatermacher mit irgendwelchen Kunstflausen im Kopf, sondern mit konkreten und uns verwandten Vorstellungen. Bei der Begegnung der beiden mit Martin Wuttke – der ja mit den verschiedensten Regisseuren von Einar Schleef, Heiner Müller und Robert Wilson bis zu Castorf und mir schon gearbeitet hat – entstand sofort ein besonderes Interesse aneinander. Dazu muss man wissen, dass Wuttke nicht primär an der Ästhetik von Regisseuren interessiert ist, sondern an deren speziellen Arbeitsweisen. Wie kommt man zusammen? Wie kommt er mit dem, was er leisten kann, in einer Arbeit vor? Oder soll da bloß eine Methode nachvollzogen werden? Und da stellte sich plötzlich heraus, dass Ida und Vegard für Martin Wuttke echte Partner sein können, für deren Arbeit er sich sehr interessiert, und sie sich für seine.

Ida Müller wird Ausstattungsleiterin in Nachfolge des großen Bert Neumann.

Ja. Sie wird das große Haus gestalten, so wie es auch Bert gemacht hat, und hoffentlich kann ich auch in einem ihrer Bühnenbilder arbeiten.

Die kleine Rede, die Sie im Roten Salon gehalten haben, schien für kundige Ohren bis zu Erfahrungen in der Studienzeit in Gießen bei Andrzej Wirth zurückzureichen.

Wir haben da an diesem Institut als SchauspielerInnen unserer eigenen Sachen zunächst herumdilettiert, wenn ich zum Beispiel in Produktionen meiner Kommiliton-Innen in *Prinz von Homburg* oder in *Yvonne, die Burgunderprinzessin* spielen musste usw. Aber dann fanden wir unsere eigene Spielweise, die wir trainieren und weiterentwickeln konnten – und wo wir nicht mehr dilettierten. Das führte dann bis hin zu der Spielweise meiner *Heidi Hoh*-Serie ab 1999 mit drei Schauspielerinnen, die sehr schnell auf Anschluss sprachen, mit Schreien dazwischen. Diese Arbeiten entstanden im Podewil in Berlin Mitte, und als ich in der Volksbühne ankam, passierte damit was anderes, weil jetzt Sophie Rois und Bernhard Schütz dazu kamen, die diese Mittel veränderten und anders einsetzten. Das heißt, wie jetzt auch: Was passiert mit unserer Arbeitspraxis, wenn andere dazukommen?

Wie viel Anregung aus der Gießener Zeit ist denn insgesamt heute noch virulent?

Ich glaube, da wirkt einiges weiter. Für mich ist dazu aber eben auch wichtig, was in den Volksbühnen-Jahren daraus folgte. Alexander Karschnia, ein Gießen-Absolvent zehn Jahre nach mir, brachte das so auf den Punkt: Wir haben da eine Haltung gelernt, mit einer Chuzpe Theater zu machen. Wenn in Gießen etwas gelehrt wurde, was zu der Zeit einem nirgendwo sonst beigebracht wurde, war es Selbstbewusstsein.

Das hat mir auch auf der ersten Durststrecke nach dem Studium geholfen, als für mich erstmal fast gar nichts lief an den Theatern. Aber nie sagte ich mir: Ich hab das Falsche studiert, oder ich liege hier völlig daneben. Nach vier Jahren Arbeitslosigkeit lud mich Barbara Mundel nach Luzern ein, und ich trat dort an, als hätte ich die ganze Zeit am Theater gearbeitet. Und mit dieser Chuzpe ging ich dann später auch an die Volksbühne, traf auf Sophie Rois, und wir kamen zusammen, indem wir ganz konkret miteinander über die Arbeit redeten. Es gab sofort einen Dialog – und daran glaube ich, wenn wir uns jetzt an der Volksbühne neu zusammenfinden.

Das war letztlich auch das, was Bert Neumann interessierte: Man arbeitet mit dem, was man hat, also reiner Pragmatismus. Wenn man ein geschlossenes Haus (oder einen Bungalow) baut, dann braucht man eben Kameras, um zu zeigen, was da drinnen vorgeht. Das ist nicht das ästhetische Mittel als Ziel, oder gar die Kritik an der Medienkultur. Sondern eine ganz konkrete Vorgehensweise in einer bestimmten Situation. So sind auch Vegard und Ida, und das war der Punkt: Wenn wir ein pralles Ensemble haben, das in solchen Verhältnissen arbeiten kann, die auch ein bisschen familienähnlich sind, das könnte klappen.

Ein wirklicher Newcomer an der Volksbühne ist Florentina Holzinger.

Bei Florentina Holzinger ist es ein bisschen anders. Sie ist eine österreichische Performance-Künstlerin, die jetzt gerade im Studio am Volkstheater Wien zum ersten Mal mit Schauspielern arbeitet, nachdem sie sich immer wieder gefragt hatte, warum machen Schauspieler so wenig mit ihrem Körper. Warum stehen sie nur da und reden? Jetzt macht sie also einen Schritt ins Neue, und wir sind auf sie zugegangen, haben ihr die große Bühne der Volksbühne gezeigt – und das hat sie sehr interessiert. Bislang hat sie nur in kleineren Räumen gearbeitet, aber ihre sehr selbstbewussten, zirzensischen, körperintensiven Sachen gehören eigentlich in große Räume. Das konnten wir ihr anbieten, mit einem wesentlich größeren Etat als bisher, um ihr die Gelegenheit zu geben, was Neues zu machen. Für uns was Neues zu machen.

Bei der Pressekonferenz argumentierten Sie mit Brecht: Autoren sollen das Theater übernehmen. Da kommt was anderes raus, als wenn Regisseure, Dramaturgen oder Manager Theaterleiter werden.

„Nicht *Don Karlos* spielen" war ein Vortrag Brechts vor dem Schriftstellerverband ungefähr ein Jahr vor seinem Tod. Er meinte, die Verbindung von Autoren zu SchauspielerInnen, das sei das Theater im Sinne eines schnellen Umbildungstheaters mit schnellen Einsatzgruppen, die das Theater unter die Leute bringen. *„Don Karlos* spielen" meint: Gegenwartsautoren kommen nicht vor, wenn es nur um den Kanon geht, und das Theater hat dann nichts mit dem Jetzt zu tun. Es ist immer nur der Versuch, die alten Stücke so hinzubiegen, dass sie uns noch was sagen. Dahinter steckt der Glaube an eine idealistische Philosophie. Brecht hat aber das Theater mit dem Marxismus verknüpft, weil er aktuelle Philosophie mit dem Theater verknüpfen wollte.

Ein Ansatz, der mit vielen Ihrer Stücke verwandt ist: kritische Theorie auf die Bühne zu bringen. Auch das lässt sich auf Andrzej Wirths Gießener Schule zurückführen, die ja gegen die damals vorherrschende Dramaturgie der Neuinterpretation stand.

Womit die Neuinterpretation des Kanons natürlich eine Angelegenheit der RegisseurInnen wurde. Wir haben damals in Gießen ein Theater der Regisseure studiert, aber eben auch Brecht und Müller, die mit ihren Shakespeare-Bearbeitungen zum Beispiel alte Stücke neu schrieben. Das machen Vegard und Ida, das mache ich auch. Das ist ein Unterschied zu den RegisseurInnen, die mit ihren Interpretationen bis heute an einem alten Kanon festhalten. Auch weil sie nichts anderes können, als ihre Wirkungen mit der Autorität von alten Texten zu erzielen.

Könnte man dabei nicht auch davon sprechen, dass der Regisseur allmählich den Dramaturgen und schließlich – beim Neu- oder Überschreiben von Stücken – auch den Autor in sich integriert hat? Oder umgekehrt auch, wie bei Müller, der Autor den Regisseur?

Mein Motor waren immer die Texte. Ich habe nie eine inszenatorische Vorgabe da reingegeben. Spielideen, ja. Aber eigentlich entsteht alles erst auf der Bühne. Ein Beispiel: Bei *Kill Your Darlings* gab es die Verabredung mit einer Akrobatikgruppe. Als es um die Frage ging, wie man diese neuen Netzwerke auf der Bühne zeigen kann, kamen die auf die Idee, das mit ihren Mitteln darzustellen. Das heißt in Bezug auf Regie: Diese von allen anderen umzusetzende Vision eines Einzelnen, das gibt es bei uns nicht. Darüber hinaus sage ich: Unser erster Autor ist der Bühnenbildner. Das kommt aus der Begegnung mit Bert Neumann, der als erstes seine Räume gebaut hat. Und zwar ganz konkret für die einzelne Arbeit und ihre Eigenheiten. So waren seine Räume für Castorf auch ganz anders, weil in ihnen eine Entwicklung stattfand, während das in meinen Stücken so nicht passiert und die Räume also anders sein mussten.

Was wir also machen, um auf die Frage zu antworten und auch das geht letztlich wieder auf Gießen zurück, ist: den Regisseur komplett in Frage zu stellen. Der Bühnenbildner, die Schauspieler, die Dramaturgin, sie alle können was – und brauchen keine visionäre Anleitung. Wir arbeiten immer ad hoc. Ich bringe Text mit, nicht den fertigen Text, wir beschäftigen uns mit anderen Texten und Büchern, die im Rahmen der Probe gelesen werden, und das generiert mit allen zusammen den Arbeitsprozess. Das ist mit der Inthronisierung eines Regisseurs überhaupt nicht denkbar. Ich muss da mit meiner Autobiographie oder mit meinen eigenen „Visonen" nicht vorkommen, wie das leider bei vielen anderen Regisseuren der Fall ist.

Auf den Programmzetteln stehen Literaturhinweise zu den während der Proben benutzten und diskutierten Büchern, im Sinne von weiterführender Literatur. Eine häufig genannte Autorin war in den letzten Jahren Donna Haraway. Was ist ihr Input, um das als ein Beispiel aufzugreifen?

Sie versteht ihre Texte als Sehhilfen für die Wirklichkeit, um die Realität anders zu betrachten. Ein Feld ihres Interesses ist, wie Geschichten geschrieben werden, aber eigentlich umgeschrieben werden müssten. Etabliert ist die Geschichte, dass Hamlet weiß, männlich, heterosexuell ist, und so nicht ‚markiert', sondern als universell ausgegeben wird. Dagegen setzt sie eine andere Perspektive, mit der wir uns beschäftigen, indem wir solche Diskurse, wie Bernhard Schütz sagt, „auffächern".

Die Positionen der BesetzerInnen der Volksbühne im Sommer 2017 sollen jetzt auch eine Rolle spielen: Was diese an der Volksbühne heute vermissen und warum sie Dercon bekämpft haben.

Sie vermissen die Volksbühne als Orientierungsort linker Positionen in dieser Stadt.

Weil sie mit Ihren früheren Themensetzungen wie Gentrifizierung unter dem Stücktitel *Stadt als Beute* (2001–2002) eine solche Positionierung erwarten?

Damals leitete ich den Prater als zweite Spielstätte der Volksbühne und stieß eher zufällig auf dieses Thema, das heute eine so große Rolle spielt, angeregt von einem Sachbuch, das sich mit Stadtentwicklung in Berlin beschäftigte. Also wie Investoren vorgehen und was sie begehren, und wie das die in der Stadt lebenden Leute betrifft. Dann las ich, dass sich die Autoren in einer anderen Veröffentlichung selbst dafür kritisierten, dass sie zu wenig herausgearbeitet hätten, was das mit den Subjekten macht. Ich fand, für Subjekte ist das Theater zuständig, und entwickelte diese zwei Abende dazu: Der Umbau einer Brauerei zu einem Kulturtempel wurde dabei auf den menschlichen Körper übertragen – ganz konkret auf Subjekte und ihre Körper als ‚Areale'. Das hat uns zusammen mit den Schauspielern Astrid Meyerfeldt, Fabian Hinrichs und Bernhard Schütz interessiert. Es sagte uns was, aber eben nicht als politischer Auftrag, dieses damals noch gar nicht so bekannte Thema Gentrifizierung zu bearbeiten. Grundsätzlich arbeite ich nicht nach einer solchen Aufforderung, diese Themen, die gerade in der Luft hängen, müssten jetzt schnell auf die Bühne. Ich würde nie – im Sinne einer herkömmlichen deutschen Dramaturgie – anderen Künstlern Themen empfehlen oder mir welche empfehlen lassen. Es ist aber auch klar, dass sich die Erwartungen der BesetzerInnen auf eine Volksbühne richten, die sich bestimmten Themen öffnet. Ich glaube, das ist auch ganz wichtig, und es wird wieder eine solche Öffnung geben, nachdem in den späten Castorf-Jahren von einigen mir wichtigen Kritikern eine gewisse Hermetik des Hauses beklagt wurde. Diese Themen und Inhalte werden vorkommen mit den Leuten, die sie betreffen. Aber für meine Arbeit kann ich da nicht als Trittbrettfahrer draufspringen, das habe ich nie gemacht.

Die Anti-Gentrifizierungsstücke *Stadt als Beute* gab es ja sogar schon vor der Zeit.

Genau. Ich muss es nicht noch mal machen.

Die taz schreibt, Ihre Berufung wäre der „Wendepunkt gegen die neoliberale Epoche“. Daran kann man sehen, welche Erwartungen sich damit verbinden.

Es gibt durchaus auch Gegenwind. Zumindest aus bestimmten Richtungen.

Es gab Vorbehalte gegen die Leitungskompetenz, ob die für die Organisation eines so großen Theaters ausreicht.

Hinter einer solchen Vermutung steht wohl, ich sollte alles allein machen können. Ich übernehme die Funktion eines Intendanten, es gibt aber sehr viele, die TrägerInnen dieser Funktion „Intendanz“ sind. Wenn ich sage, wir alle sind IntendantInnen, dann sagen die natürlich: Nee, du bist der Intendant. Aber ich bin eben kein Alleinherrscher, der Entscheidungen unabhängig von allen anderen trifft.

Wie wird so etwas bei kontroversen Optionen ausgehandelt?

Ich würde gerne unsere Arbeitspraxis, wie diese Abende mit SchauspielerInnen und allen anderen Beteiligten aus der Verantwortung von Einzelnen zusammen entstehen, auf das ganze Haus übertragen. Das passiert nicht über die fraktionelle Abstimmung zu Kontroversen – sondern über die Hinwendung zu gemeinsamer Verantwortung. Ich glaube an unser Kollektiv als TrägerInnen einer bestimmten Arbeitspraxis im Theater, um Hierarchien aufzulösen. Diese Praxis haben wir ja bereits entwickelt.

Die Volksbühne stand in einzelnen Epochen für etwas Besonderes: Erwin Piscator führte für das politische Theater der 20er Jahre technologische Neuerungen wie Film und Projektionen ein; Benno Besson erfand in den 70er Jahren die „Spektakel", um das Theater als lebendiges Fest wiederzuentdecken und dafür die Türen und Fenster aufzumachen; Castorf schuf eine Art Insel in den Jahren nach der Wiedervereinigung und revolutionierte den Schauspielstil. Unabhängig von den politischen Ausrichtungen war dieses Theater fast immer etwas Besonderes. Alle anderen Theater in Deutschland fußen auf einer feudalen oder bürgerlichen Tradition, nur die Volksbühne nicht, deren Anfänge von Arbeitergroschen finanziert wurden und die sich so auf eine Tradition der

kulturell Unterprivilegierten berufen kann. Was bedeutet diese Tradition für Sie?

Das gefällt mir natürlich, diese besondere Tradition, und sie spielt in den Überlegungen vieler SchauspielerInnen eine große Rolle. Aber eigentlich habe ich die Volksbühne immer als Jetzt gedacht. Mir hat eine Schauspielerin erzählt, dass dieser große Raum selbst reagiert auf das, was da passiert, und der kann Sachen als nicht dahin gehörend abschütteln, wie mit einem Handstreich wegwischen. Wenn Geschichte sich so in diesen Gemäuern hält, und diese Gemäuer auch bewerten, was da drin passiert, dann interessiert mich das sehr. Darauf bauen wir auch. Sie warten auf uns.

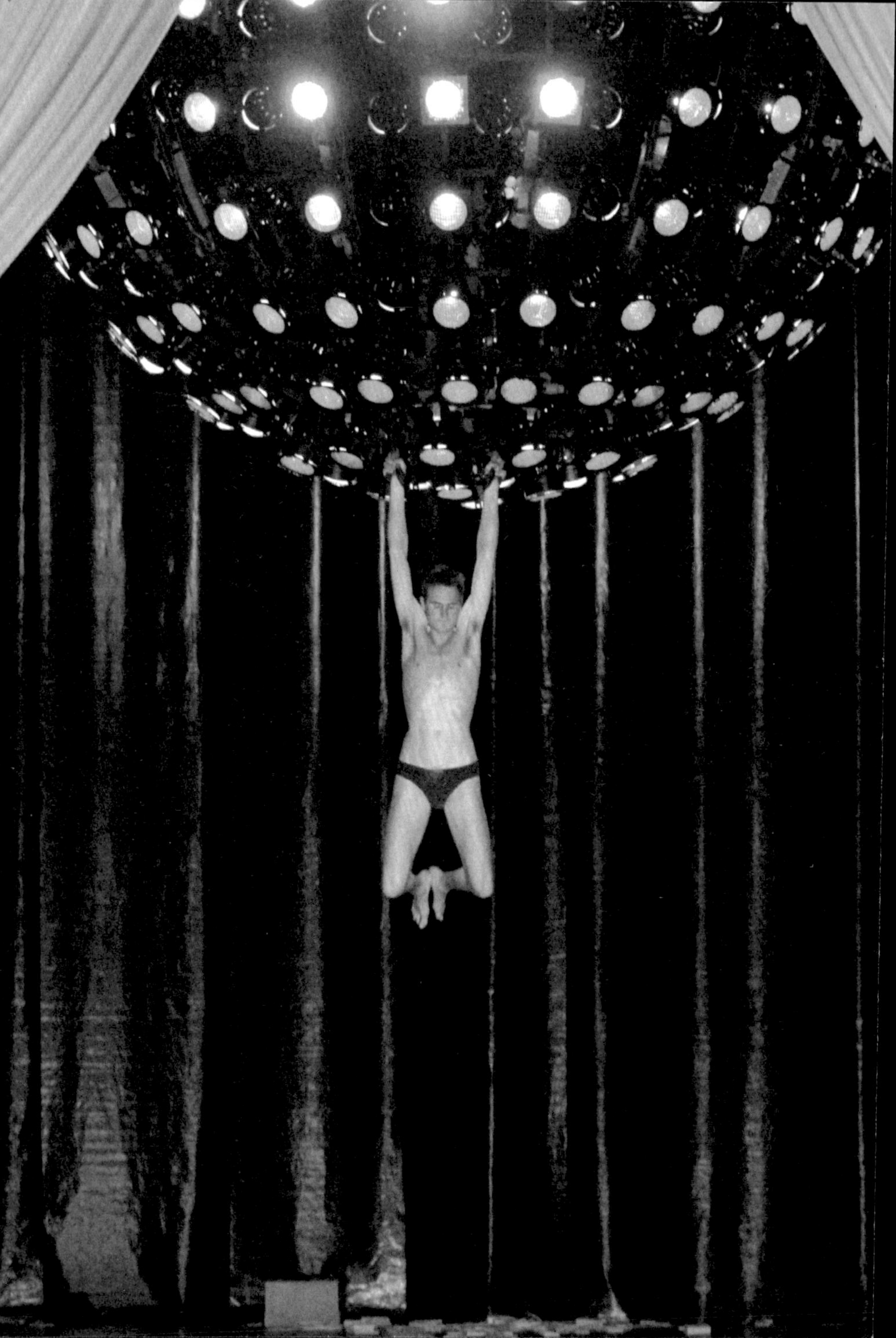

Arbeit. Brecht. Cinema.

Für dieses Gespräch kurz vor dem Start als Intendant der Volksbühne war ein größerer Rückblick auf fast vierzig Jahre verabredet, als Teil eines Buchprojekts, das im Titel ein ABC seines Theaters behandeln würde, natürlich nicht in der alphabetischen Anordnung von Stichworten. Pollesch wollte dafür eine an Brechts Das kleine Organon *erinnernde Schrift seiner theaterästhetischen Positionen mit dem Titel* Das kleine Oregano *schreiben. Teile dessen, was das hätte werden können, lassen sich vor allem in den Abschnitten des Gesprächs erahnen, in denen er die allmählich entstehende Entscheidung darlegt, warum keines seiner Stücke von anderen nachgespielt werden darf. Das Gespräch fand Anfang August 2021 in Berlin statt.*

Foto links **Fabian Hinrichs in *Ich schau Dir in die Augen, gesellschaftlicher Verblendungszusammenhang!* von René Pollesch an der Volksbühne am Rosa-Luxemburg-Platz, 2010. Regie René Pollesch, Bühne und Kostüme Bert Neumann,** Foto: picture-alliance / Eventpress Hoensch | Eventpress Hoensch

Der Film-Kran für *Die Gewehre der Frau Kathrin Angerer*, der – wie der Kameramann Jan Speckenbach sagt – so interessant wie ein aussterbendes Tier ist, weil heute alles mit Drohnen gemacht wird, wurde zu einem sensationellen Instrument dieser Inszenierung. Er erscheint als ein Symbol deiner viele Arbeiten durchziehenden Bezüge zu Kino und Filmtechnik.

Wir hatten in Wien einen deutsch-amerikanischen Techniker, der den Kran wie aus dem Effeff kannte. Der hat uns die ganzen zwei Wochen betreut – wie man mit dem Ding umgeht, was man damit machen kann. Der hatte bei vielen legendären Filmen mitgearbeitet. Die Idee kam auf, dass wir, die Schauspieler:innen und ich, dachten, Tanzfilme wären für uns von Interesse. Nina von Mechow hatte, noch bevor sie diesen „Spinning-Room" gebaut hat, einen Kamera-Kran gesehen, den es günstig zu kaufen gab. Und obwohl unser Budget noch nicht klar war, hatte sie den schon mal gekauft. Das war dann unser erstes Gegenstand gewordene Teil dieser Unternehmung. Damit kam auch die Idee, Jan zu fragen. Ich habe jahrelang mit Ute Schall als Kamerafrau gearbeitet – das war super – und auch mit Kathrin Krottenthal und Maike Dresenkamp. Mit Ute habe ich die meisten Arbeiten gemacht und ich dachte, das ist so ein anderes Ding – das ist glaube ich nicht das richtige für Ute. Dann haben auch andere Leute Jan Speckenbach vorgeschlagen. Zwanzig Jahre war ich ihm nicht mehr begegnet. Er hatte mal eine Verfilmung von *Stadt als Beute* gemacht. Und dann haben die ihn gefragt und auch mit Ute gesprochen, dass man bei dieser Unternehmung lieber auf Jan zugeht.

Jan ist bei der Bauprobe sofort auf diesen Kamera-Kran gesprungen. Und da hat man schon gesehen, was das werden könnte mit Kamera-Kran, vor allem wie der sich bewegt. Wir konnten den dann auch so bewegen wie auf der Bauprobe; wir dachten nämlich, wir hätten da Einschränkungen, weil der ziemlich schwer ist und nicht überall auf der Bühne stehen kann. Wir dachten, es ist eben was anderes als das, was Bert so angeleiert hat mit den Kameras in den verschlossenen Räumen. Mit dem Tanzfilm-Thema kam eine andere Kamera-Bewegung rein, die eine Art von Spielpartner ist, da passiert was, auf das man anders eingeht als mit einem Kameramann oder einer Kamerafrau.

Wir hatten eigentlich vor, dass wir nur Bewegungen abfilmen und nicht mehr Dialoge oder Situationen in Räumen – was wir dann letztendlich aber doch gemacht haben, statt nur das Tanzen abzufilmen. Wir haben also diesen Spezialisten gehabt, Jan und die Leute, die den Kamerawagen bedient haben, die erstmal angelernt werden mussten; die mussten sogar einen Führerschein dafür machen.

Bei den Proben hatten wir erstmal keine Lösungen für die Kamera, aber auch da wurde Jan Speckenbach umtriebig und hat dann öfters mal alleine auf der Probebühne Zeit mit dem Kamera-Kran verbracht. In Wien hat er zusammen mit den ganzen Leuten und unseren Tänzer:innen mehrere Sachen erfunden, die für den Abend ganz wichtig wurden – speziell der Anfang: Der Kran führt quasi den Abend ein. Das war einfach wahnsinnig neu für mich. Ich hab' sowas noch nie gesehen. Das war besser als die Kameraleute, die immer sichtbar rumrennen. Der hat eine eigene Bewegung: Der zeigt immer. Der antizipiert immer, wo er enden will. Wie ein Balletttänzer, der da so mitschwingt. Und der Anfang ist wirklich gigantisch. Das sind so fünf Minuten, eine Bewegung der Drehbühne und dieses „Spinning-Rooms" zusammen mit dem Kamera-Kran und den Leuten. Das war wahnsinnig toll.

Jan hat mit den Tänzer:innen Szenen entwickelt. Er hatte einen Film gesehen – *Mods* heißt der, ein französischer Film von Serge Bozon, der ganz unkonventionell mit Musik und Tänzen umgeht. Als die Tänzer:innen zwei Szenen von dem Film nachgespielt haben, war das ok, aber es war nicht so aufregend wie die eine Szene, in der sie ihre Phantasie zu der Szene im Film spielten.

Wir spielen ja nicht einfach Filme nach, sondern wir spielen quasi die Phantasie der Spieler:innen nach, die sie beim Ansehen der Filme haben. Das trifft es einfach besser, weil es erstmal das Motiv ist. Das war noch nicht so, als wir anfingen mit Film, aber später, als die Filme so eine Art Regie-Ersatz wurden – oder Spielvorschlag. Was eine Szene eben ist: Die Spieler:innen schauen sich eine Szene an und stellen sich vor, was wäre, wenn ich das gespielt hätte. Was wäre dann passiert? Oder wie man die Szene begreift? Was das für eine Idee ist? Und dann spielt man quasi die Phantasie. Es geht ja nicht darum, dass ich jetzt zum Beispiel diese Szenen vorschlage, die exakt so in dem Film sind und dann genau das transportieren müssen. Die transportieren ja bei uns was völlig anderes. Das ist ja gerade das Interessante bei uns, weil wir die Szenen auch missbrauchen. Wir führen die ja nicht ein, weil uns der Film wahnsinnig gut gefällt – wir sind ja keine Cineasten, sondern wir brauchen einfach stellenweise Ersatz für Regie. Die Phantasie über die Szenen reicht, um Leute in Bewegung zu bringen. Und das war dann auch bei Jan und den Tänzer:innen so, die haben aus dieser *Mods*-Szene was gemacht, das ganz, ganz toll war und auch in dem Abend drin ist.

Mich interessiert, dass du jetzt zum wiederholten Mal auf Filmgeschichte zurückgehst. Du hast das ja mit *Black Maria* sogar im Titel gemacht. Die Apparatur des Films als Material.

Ja, das war Ninas Idee mit *Black Maria*. Ich hatte in Gießen mal einen Gastprofessor, John Jesurun, der hat ein Stück gemacht mit uns, das hieß *Black Maria*. Ich war da nicht dabei, da waren andere Leute drin. Ich hab' vor dieser Arbeit am DT meine Agentin angerufen und gefragt, was passieren würden, wenn ich den Abend *Black Maria* nennen würde. Da hat sie mir eine Liste mit ganz vielen Filmen gegeben, die alle *Black Maria* heißen. Du kannst alles *Black Maria* nennen. Das ist jetzt nicht urheberrechtlich geschützt. Aber Nina kam mit *Black Maria* als erstem beweglichen Studio der Filmgeschichte an – das wurde von ihr eingeführt wie der Kamera-Kran jetzt auch. Das sind die Anstöße von Bühnenbildner:innen.

Aber Film durchzieht tatsächlich von Anfang an deine Geschichte.

Du meintest jetzt bestimmte Gegenstände aus der Filmgeschichte, die es nicht mehr gibt, weil zum Beispiel Drohnen die Arbeit übernehmen. Die „Black Maria" gab's ja auch nicht lange. Als die ersten „two reels" kommerzialisiert wurden und man viel Input und Content brauchte, verschwand dieses Mini-Studio.

Ich habe immer gerne Film gesehen, aber das hat irgendwann aufgehört. Ich bin nicht mehr so ein Film-Fan, ehrlich gesagt. Wie Woody Allen sagt: Musik nach 1950 interessiert ihn nicht mehr, würde ich sagen: Kino nach 1990 interessiert mich nicht mehr. Ich guck das an, find manches unterhaltsam, aber nicht mehr so toll wie früher.

Seit den 1990er oder seit den 00er-Jahren machen Nerds Kino, vor allem im amerikanischen Kino. Deshalb auch diese Marvel-Filme. Das sind Comic-Nerds. Die treiben sich auf der Comic Con rum und reden über andere Dinge als über das, was ich am Film toll fand.

Da geht's ja auch wahnsinnig um Technik und Zauberei im Prinzip.
Mit komischen Geschichten. Diese *Avengers*-Geschichten – was soll ich mit denen anfangen?

Dann also zurück zur *Black Maria* –
Black Maria war ein ganz großer Wurf von Nina. Das haben sofort alle gemerkt. Es glückt ja nicht immer so ein Raum, den jemand für einen baut, aber *Black Maria* war einfach unschlagbar. Gott sei Dank hatten wir auch Astrid Meyerfeldt dabei, weil wir uns natürlich sofort alle nur auf die „Black Maria" gestürzt haben. Und Astrid meinte, dass sei vielleicht ein bisschen eins zu eins. Was man ja eigentlich auch weiß, aber das vergisst man dann, weil man sofort auch Texte produzieren kann auf diesen Entwurf von Nina. Und dann hat Nina noch *Gold Rush* vorgeschlagen von Charlie Chaplin. Darauf ist Astrid als erste eingestiegen, weil sie auf der Suche war nach einem anderen Sujet oder Ort als jetzt nur der „Black Maria". Und da kam eben diese Idee auf mit der Hütte aus *Gold Rush* auf, die sich auch drehen kann. Also die sich eigentlich nicht drehen kann, aber die sich beim Schneesturm dreht. Und die „Black Maria" kann es eben, weil es Sinn der „Black Maria" ist, dass sie sich drehen muss, weil sie für die Dreharbeit der Sonne folgt. Und diese beiden Sachen zusammen zu bringen, das war das Gelungene von Anfang an.

Astrid hat sofort darauf aufmerksam gemacht, dass man jetzt nicht direkt auf die „Black Maria" gehen soll, sondern irgendwie eine andere Einflugschneise nimmt. Das sind Dinge, die bei einer Probe passieren, weil man ja vorher nicht weiß, was man mit dem Raum macht. Erstmal gabs keinen Film, nur ein Filmgerät. Und letztendlich sind wir doch wieder bei einem Film gelandet, den wir uns angesehen haben, und *Gold Rush* war bei dieser Arbeit der einzige Film.

Würdest du denn sagen, Film war schon immer eine Ressource für dich?

In Gießen haben wir auf der Probebühne Filme gespielt. Wir haben wöchentlich Aufführungen gemacht, auch in den Sommerferien. Semesterferien fand ich irrsinnig langweilig, aber es waren immer ein paar Kommiliton:innen da und wir durften den Raum nutzen. Ich war ein großer Fan von James Camerons *Aliens*, dem zweiten Teil. Daraus haben wir mindestens drei Stücke gemacht. Mit irgendwelchen Schusswaffen. Eigentlich könnte man sich wundern, ich war ja schon Mitte 20, aber wie ein 15jähriger, der Filme nachspielt. Aber wir haben schon Theaterstücke damit gemacht, deshalb war es dann doch erwachsener als bei einem 15jährigen. Wir haben zum Beispiel auch *Der weiße Hai* als Theater gemacht.

Wie das?

Eine Schauspielerin lag so, dass man nur die Füße sah und oben war der Kopf. Wir spielten Musik und es war alles blau, wie Wasser. Und man sah halt diese Frau da liegen, wie sie schwamm, fünf Minuten vielleicht. Wir dachten, wenn Beckett ein komprimiertes Kurzstück macht, dann machen wir eben *Der weiße Hai*. Oder wenn wir *Aliens* nachgespielt haben, haben wir das mit anderen

Texten versetzt. Wir haben den Film-Dialog gar nicht benutzt, denn was willst du da bei *Aliens* nehmen? Die Probebühne war ein ehemaliger Vorlesungsaal und es gab eine fahrbare Tafel, die war dann die Türen, die sich öffnen und schließen. Das Institut hieß damals „Drama Theater Medien", noch nicht „Angewandte Theaterwissenschaften". Viele sind da hingekommen, weil sie dachten, sie wollen irgendwas mit Film oder Medien machen.

Das ist ja wie eine Keimzelle, dass ihr diese Filme nachgespielt habt in dem vollen Bewusstsein, man wird deren perfekte Ästhetik nie erreichen, und gleichzeitig erhobt ihr den Anspruch von Theater.
Es war natürlich auch schon die Aufforderung „Nee, wir machen Theater anders". Das war ganz klar auch eine Opposition, sich an dieser amerikanischen Filmkultur zu vergreifen und nicht an Klassikern.

Die damals führenden Regisseure haben gedacht, man müsste jetzt Lessings *Nathan der Weise* umstülpen und das wäre der Gipfel der Kunst – und ihr habt solche Sachen gemacht.
Genau, wir haben Filme aufs Theater übertragen. Das machte Spaß mit diesen Mitteln, die an Film gar nicht rankommen, aber trotzdem so eine Art Illusion erzeugen. Es ist eben auch eine Rezeptions-Ästhetik im Zuschauer zu verorten: Die machen da schon was draus. Perfektion zielt ja immer darauf ab, dass wirklich nur die Vision des Schöpfers gesehen werden muss.

Gab es denn Publikum?
Wir hatten immer so hundert Zuschauer.

Also wie reguläres Off-Theater.

Eigentlich war es das. Wir haben dann auch immer Flyer in den Discos von Gießen verteilt, um auch außerhalb der Uni Leute anzuziehen. Es lief halt alles immer nur einmal, von hundert Leuten gesehen oder manchmal auch zweihundert, aber das war's dann auch.

Also doch kein reguläres Off-Theater.

Nicht in diesem Sinne. Aber es war immer klar, dass wir fast jeden Abend spielen. Das wusste man in der Uni zumindest. Also wir saßen da nie vor zehn oder zwanzig Leuten. Es war immer voll. Und dann gab es ja noch die Festivals: „Theatermaschine" – aber auch dort liefen die Sachen nur einmal. Dazu noch das „Diskurs-Festival". Frank Hentschker hat es erfunden und mich gefragt, wie können wir es nennen. Dann habe ich gesagt: „Diskurs", weil es das Lieblingswort von unserem Professor Andrzej Wirth war. 1984 ging es damit los. Ich habe da auch mal gespielt. *Number minus one* hieß das Stück, das haben wir sogar zweimal aufgeführt.

Film war also zunächst Spielmaterial, weil ihr euch nicht an Klassikern abarbeiten wolltet. Später wurde er für dich eine thematische Ressource.

Norma Rea für *Heidi Hoh* – das hätte ich fast vergessen, könnte sein. Wir haben das 1999 gemacht und *Norma Rea* ist von 1979. Das war ein Film, den hab ich erlebt, als ich 17 war. Dieser Ausschnitt lief im Fernsehen: Wenn sie auf den Webstuhl klettert und es allen zeigt, während die Webmaschinen rattern. Das hatte ich immer im Kopf. Und *Heidi Hoh* wurde tatsächlich geschrieben über Arbeitsverhältnisse.

Hat denn nach dem großen Erfolg mit der *Heidi-Hoh*-Serie niemand diese Stücke nachspielen wollen?

Ich hatte mal zugesagt, dass in Chile der zweite Teil von *Heidi Hoh* gespielt werden darf. Als sich herausstellte, dass ich das auch selbst machen sollte, teilte ich den Leuten dort mit: „Nee, ich kann das da nicht inszenieren. Aber ich könnte da für eine Woche runterkommen und erklären, für welche Form des Theaters dieser Text geschrieben wurde". Zu dem Zeitpunkt hatte ich Rowohlt schon gesagt, ich würde gerne, dass meine Sachen nicht nachgespielt werden. Und die haben überraschenderweise sofort ja gesagt.

Das kann ja eigentlich nicht das Interesse eines Theaterverlags sein.

Rowohlt hatte mir im Jahr 1994 einen Vorschuss von 14.000 Mark gegeben für sieben Stücke. Niemand hatte diese Stücke bis dahin gespielt. Also war ich ein totales Verlustgeschäft. 14.000 Mark, für die natürlich Peanuts. Ich war dankbar. Nun hatte ich *Heidi Hoh* gemacht und die hätten jetzt denken können: Ah, jetzt geht das ab. So richtig ging es ja noch nicht ab. Ich fragte trotzdem Corinna Brocher: „Ich fände das keine gute Idee, wenn die Sachen nachgespielt würden". Und sie hat sofort ja gesagt und ist auch bis heute stolz darauf. Sie sagt auch, das ist die beste Idee, die ich je hatte – das sagt auch Sophie Rois. Also es ist wirklich das Beste, was mir jemals eingefallen ist, dass die Stücke nicht nachgespielt werden. Ich flog nach Chile und habe mit den Schauspieler:innen und dem Regisseur zusammen gegessen – die sind total charming, diese Chilenen. Und dann haben sie mir gestanden, dass sie schon ein bisschen probiert hätten. Da dachte ich „Oh Gott" – sie würden mir das gerne morgen zeigen.

Und dann saß ich da – ich war da hingekommen, um ihnen zu erzählen, für welches Theater dieser Text geschrieben wurde – also was das bedeutet. Da steht zwar ein Name und ein Doppelpunkt, das heißt aber nicht, dass das ein Dialog ist. Das habe ich denen auch gesagt. Aber zuerst führten sie mir vor, was sie inszeniert hatten. Das war ein Situationen-Drama, wie man das von Georg Seidel oder Kroetz kennt, Sozial-Realismus, der ja auch immer ein Bedürfnis ist, an diese Sujets ranzukommen. Die haben damit ihr Method-Acting gemacht – als totalen Ultra-Naturalismus, so haben die das gelesen und jetzt mit dem *Heidi-Hoh*-Text ein Schicksalsdrama aufgeführt: Eine Frau, die ein Problem hat, und ihre zwei Freundinnen. Es war so schrecklich. Es war furchtbar. Und da habe ich ihnen erzählt, was das eigentlich für ein Stück ist und worauf das hinauswill – dass es eben nicht repräsentativ gemeint ist. Es ist eben nicht die Heimarbeiterin von Kroetz, nur unter neuen Umständen und neuen Vorzeichen. Und da waren sie erst traurig, weil sie eigentlich nur vorhatten, etwas zu inszenieren, und dem Autor sollte es gefallen. Aber ich konnte darauf nicht eingehen, das war mir zu wichtig. Eigentlich hatten wir gesagt, wenn sie das da machen in Süd-Amerika, dann dürfen sie damit auf keinen Fall nach Europa. Ich hätte auch sagen können „Lass die da mal machen." aber das war mir einfach zu wichtig. Ich wollte denen klar machen, dass das eine andere Form von Theater ist.

Da sind wir ja bei etwas ganz Grundsätzlichem – deiner gesamten Arbeitsweise. Aber nochmal, Corinna Brocher – sie ist ja eine Legende der deutschen Theaterverlage – konnte wirklich damit

einverstanden sein, einen Autor zu verpflichten, von dem nichts nachgespielt werden darf?

Es hat sich rausgestellt, dass sich das auch für Rowohlt gelohnt hat. Also ich hatte zu einer bestimmten Zeit nach Jelinek die zweitgrößten Tantiemen-Abrechnungen für Rowohlt. Nur durch die eigenen Inszenierungen.

Aber wozu brauchtest du dann einen Theaterverlag?

Ich hab' Corinna 1992 durch Tom Stromberg am Frankfurter TAT kennengelernt. Ich sagte ihr, ich brauche keinen Verlag. Sie meinte: „Ja, ist kein Problem". Aber ich wusste, sie war mal Assistentin bei Fassbinder und das hat mich total interessiert. Wir hatten tolle Gespräche. Sie war oft bei den Frankfurter TAT-Sachen, die Stromberg damals zeigte. Und dann, als Tom mich fallen ließ, weil meine ersten Sachen im TAT keinen Erfolg hatten – habe ich sie angerufen, weil ich keine Kohle hatte, und gefragt, ob es da noch Interesse gäbe. Und dann hat sie mir quasi für sieben Stücke, die schon existierten, pro Stück 2000 Vorschuss gegeben. Die haben dann auch Anzeigen geschaltet in *Theater heute*. Es gab mal diesen dritten Stock im Thalia Theater, die hatten vor, irgendwas zu machen und haben nach drei Wochen doch abgesagt. Was damals ein Schock für mich war, weil ich dachte, endlich verdiene ich Geld, oder kann Rowohlt wenigstens den Vorschuss zurückzahlen. Corinna blieb neugierig. Sie hat mich auch nie behandelt wie alle anderen. Sie hat mich ganz konsequent als der behandelt, der so arbeitet und diese und jene Bedürfnisse hat. Wahrscheinlich hat sie erkannt, dass man dem nachgehen sollte. Wie später die Volksbühne – die konnte das ja auch, die Künstler:innen in Ruhe lassen oder dem nachgeben, was die brauchen, und nicht, was das Theater denkt, was es selbst braucht. War bei Corinna vielleicht auch durch Fassbinder – keine Ahnung, warum sie so drauf war. Sie war halt auch ein Punk auf ihre Weise. Sie gehört zu einer Generation, die mal die Gesellschaft hier aufgemischt hat.

Wenn du diese sieben Stücke damals unter Vertrag gegeben hast: Kannst du denn sagen, wann genau dieser Entschluss kam, dass nichts nachgespielt werden kann? Oder war das endgültig erst mit dieser Chile-Erfahrung begründet?

Das war vor der Chile-Erfahrung. Ich hatte eine Auftragsproduktion fürs Leipziger Schauspiel gemacht, das Stück hieß *„Globalisierung und Verbrechen"*. Wolfang Engel war Intendant und Karsten Müller sollte es inszenieren. Ich hatte Karsten vorher getroffen, er war mir nicht sympathisch und ich ihm auch nicht. Und nichtsdestotrotz habe ich es zugelassen, dass die das machen. Am Ende war es bloß eine szenische Lesung, über die ich eine Kritik gefunden habe. Anhand dieses Artikels wurde mir dieser Entschluss klar – ich weiß nicht mehr genau, ob die Chile-Erfahrung das nur noch vertieft hat.

Ein anderes Theater war für diese riskante Entscheidung noch gar nicht vorhanden.

Die erste Überlegung war – später gab es noch andere Überlegungen –, dass diese Stücke kein repräsentatives Theater benötigen. Oder sogar, dass das nicht klappt, wenn man sie repräsentativ liest, also wenn man sie quasi als Realität oder Dialoge spricht. Es sind keine Dialoge, sondern das ist was anderes: Ein Monolog verteilt auf mehrere Leute. Später kam noch etwas dazu, dass diese

Entscheidung, nichts nachspielen zu lassen, noch einmal anders begründete: als die Beteiligung der Schauspieler:innen an dem Entstehungsprozess der Stücke immer größer wurde.

Ich hatte irgendwann gehört, dass Wittenbrink eine Stückentwicklung am Hamburger Thalia Theater gemacht und dann *Sekretärinnen* an andere Theater verkauft hatte. Die beteiligten Schauspier:innen waren unzufrieden: „Ja, aber das waren doch wir. Ich hatte die Idee, ‚I can get no satisfaction' als Sekretärin zu singen. Warum kassiert er jetzt die Kohle dafür?" Und das finde ich eben auch wichtig: Das ist mit den Leuten entstanden, das heißt, sie sind unersetzbar. Und in unseren Produktionen wird ja nicht leichtfertig jemand ersetzt. Später haben wir das aus ein paar Gründen doch gemacht, aber sehr selten. Also es war eh klar: Wir haben es nach *Heidi Hoh* entschieden, dass die Sachen nicht von anderen gespielt werden. Auch wegen der Beteiligung der Spieler:innen an den Texten.

Also ist es letztlich eine Frage der Autorenschaft.

Das, was wir hier auf den Proben besprechen, kann nicht einfach eingeholt werden von Leuten, die das lesen, oder einem Regisseur. Das habe ich bei *Heidi Hoh* aber noch nicht gedacht, sondern erst diese Erfahrung in Chile war so exemplarisch, dass jemand denkt, man könne daraus ein Sozialdrama machen.

Ich würde eher sagen, dass sind radikale Konversationsstücke ohne Dialog. Oder eben Brechts *Messingkauf*, wo sich Leute über Probleme des Theaters unterhalten.

Ja, aber das wäre auch meine Kritik am *Messingkauf*: Das ist noch zu sehr Dialog – der Philosoph kommt ins Theater. Das würde ich auf den Kopf stellen. Es ging ja in *Heidi Hoh* darum, dass jetzt nicht der Kapitalismus vom Theater unter anderen Vorzeichen kritisiert werden könnte, wie das Thomas Ostermeier dachte oder andere Leute. Sondern mein Problem, das ich bei Theaterstücken immer hatte, ist, drüber zu schreiben, wo das spielt, das wurde plötzlich für mich produktiv. Es gibt in diesem Neoliberalen, in diesem Postfordistischen, in dieser Verflüssigung der Fabriken eine Ortlosigkeit und daher Desorientierung – „Wo bin ich denn jetzt?". Also ich hatte einen Zeitungsausschnitt gesehen mit zwei Fotos: Eine Frau saß an ihrem Schreibtisch und daneben war dieselbe Frau am Schreibtisch mit einer Katze. Und da drunter stand: „Marie Nollenberger geht es viel besser, seitdem sie mehr Zeit zuhause verbringt."

Und du wusstest jetzt nicht: Ach so, und die Katze ist jetzt das Zuhause oder wie? Weißt du, es sah einfach gleich aus – sie saß hinterm Schreibtisch. Und das war der Ausgangspunkt für *Heidi Hoh*: Nicht mehr zu wissen – und das war auch meine Grunderfahrung. Zuhause in Stuttgart, überall lagen meine Skripte rum in der Aufregung, endlich mal nachgespielt zu werden oder irgendwas zu schreiben, was die anderen auch kapieren. Also im Schlafzimmer lagen Skripte, in der Küche, im Badezimmer und in meinem Arbeitszimmer – es war nicht mehr klar, wohnt hier jemand oder arbeitet hier jemand. Und das lässt sich nicht repräsentativ darstellen. Du brauchst für dieses Repräsentationstheater einen anderen Ort. Deshalb haben wir später immer gesagt: Wir sind nunmal im Theater. Repräsentation heißt immer weggehen von dem, was ist – also Transzendieren auf eine andere Ebene, eigentlich auf die Metaebene und sich nicht mit dem Konkreten beschäftigen.

Später wurde dieses Nicht-Nachspielen auch eine Lösung für diese Autorenschaft. Das heißt, ich schreibe die Texte, die Schauspieler:innen schreiben nicht die Texte, aber sie sind natürlich beteiligt an einer Reihenfolge, weil die Spieler:innen auch auf ihre Weise editieren. Ich bringe Texte mit und da ist erstmal nicht klar, wo die hingehören: Sollen die an den Anfang, sollen die ans Ende. Oder man sitzt da auch mit zehn Skripten von andern Tagen und versucht, diese Dinge zusammenzustellen – das ist so die Autor:innenschaft der Spieler:innen, auch zu sagen, den Text, den möchte ich sagen, und den nicht – dass sie so aussieben und das Beste dann drin lassen. Und das ist ja Autorenschaft, ohne dass sie die Texte schreiben müssen.

Bei den Auszeichnungen mit dem Mülheimer Dramatikerpreis (2001 für *world wide web-slums* und 2006 für *Cappucetto Rosso*) wiederholte sich die Diskussion. Als Text wurden beide Stücke beglückwünscht, aber gerade Leute aus der Theaterpraxis meinten, ein Stück ist nur ein Stück, wenn es nachgespielt und Interpretation durch andere erfahren kann.

Und das ist der Grund, warum wir es nicht machen, denn es ist nicht abhängig von der Interpretation. Deswegen bin ich dafür gewesen, auch die Volksbühne so aufzuziehen: Autor:innen müssen sich mit Schauspieler:innen zusammentun. Wir sparen den Regisseur ein, der – zumindest seit den 1970er Jahren – sagte „Der Text raus, der rein." Wenn der Regisseur im Theaterprozess versucht, Autor zu sein, dann schlag nicht ich zu, sondern die Spieler:innen.

Nachweise

Verkaufe Dein Subjekt! – Interview von Thomas Irmer und Anja Dürrschmidt (*Theater der Zeit* 12/2001, S. 5–7)

Am Ende der Schleichwege – Gespräch von Thomas Irmer mit Olaf Nicolai und René Pollesch (*Spike Art Magazine* 04/2005, S. 28–32)

Liebe, Schreiben, Popmusik – Gespräch von Thomas Irmer (*3sat*-Sendung Kulturpalast 2015)

Den Regisseur komplett in Frage stellen – Originaltitel: Mein Motor waren schon immer die Texte; Interview von Thomas Irmer (*norsk shakespearetidsskrift* 2–3/2019, S. 54–59)

Arbeit, Brecht, Cinema
Bisher unveröffentlichtes Gespräch von Thomas Irmer und René Pollesch für Theater der Zeit (1. August 2021)